U0275054

化解焦虑：
给自己一个从容的活法

王老墨　著

陈佳欣　绘

清华大学出版社

北京

内 容 简 介

我们为什么会焦虑?我们在为哪些事情焦虑?如何解决工作、学习压力导致的心理问题?作者从身边的案例入手,运用心理学知识,深入浅出地与读者探讨如何坦然面对现实,减轻思想压力,从容地学习、工作和生活,享受社会进步带来的快乐和幸福。

本书内容涵盖学校职场、亲子关系、家庭关系、人际关系、健康等现代生活的各个方面,分为现实案例、心理知识、解决策略和心灵感悟等版块,每章章末是章节思考,读者阅读章节内容后可以尝试思考作者给出的问题,有助于深层次理解章节内容。书中讲述了许多故事,同时从心理学角度对其进行了分析,揭示了故事中出现的问题对身心健康带来的危害。

通过阅读本书,可以提升读者化解焦虑的能力。本书除了适合有心理焦虑情绪的广大读者阅读以外,还适合从事心理研究和辅导的专业人士阅读。

图书在版编目(CIP)数据

化解焦虑:给自己一个从容的活法/王老墨著;陈佳欣绘. —北京:清华大学出版社,2023.9(2024.5重印)

ISBN 978-7-302-64527-6

Ⅰ. ①化… Ⅱ. ①王… ②陈… Ⅲ. ①焦虑—心理调节—通俗读物 Ⅳ. ①B842.6-49

中国国家版本馆CIP数据核字(2023)第159313号

责任编辑:陈立静
封面设计:李 坤
责任校对:徐彩虹
责任印制:杨 艳

出版发行:清华大学出版社
网 址:https://www.tup.com.cn,https://www.wqxuetang.com
地 址:北京清华大学学研大厦A座 邮 编:100084
社 总 机:010-83470000 邮 购:010-62786544
投稿与读者服务:010-62776969,c-service@tup.tsinghua.edu.cn
质量反馈:010-62772015,zhiliang@tup.tsinghua.edu.cn
课件下载:https://www.tup.com.cn,010-62791865
印 装 者:小森印刷(北京)有限公司
经 销:全国新华书店
开 本:148mm×210mm 印 张:8.875 字 数:205千字
版 次:2023年9月第1版 印 次:2024年5月第2次印刷
定 价:58.00元

产品编号:095081-01

自　序

我从 40 岁开始，大概有几年时间，日子过得很不开心。

那一年我被调到一个新的工作岗位，心理不适应，总以为原来的岗位得心应手，于是又找理由调回原岗位。可是，这样一折腾，对原岗位的感觉与原来大不相同。同事们也很不理解：新工作多好啊，为什么要回来呢？我有口难辩。更没想到，原单位经济形势急转直下，我的工作压力突然增大，一时难以招架。我开始痛恨自己，办了一件对不起上级、对不起自己的蠢事，于是便开始陷入深深的自责之中。

那段日子，我感受不到春日的温暖、夏日的火热、秋日的多彩，生活中只有一个色彩——那便是灰暗。焦虑、抑郁、沮丧、自卑、自闭等消极情绪纷纷找上门来。我每日萎靡不振、心烦气躁，几乎天天失眠，心脏也出现了问题，家人和朋友很替我担心。

我很清楚，长期处于这种状态会毁掉我的一生。我决心调整过来，于是，我开始大量阅读古今中外名人传记和励志书籍，了解强者如何面对挫折，走出困境。

我一篇接一篇地书写阅读体会和感悟文章，还把其中一些文章拿出来在报刊上发表。这个办法确实管用，我原本消沉的情绪立即火热起来，脸上开始有了笑容。但好景不长，当我再次遇到具体困难时，各种消极情绪又全都冒了出来，依旧焦虑不安，扰得我无法正常工作和生活。

这时我发觉，只靠励志故事给自己鼓气是远远不够的，我缺少的不仅仅是决心和勇气，我必须搞清楚我心理上的弱点有哪些。哪些方面对我的思想和行动造成了干扰、影响？为什么我没有做错什么却常常自责？为什么许多事情放在别人身上不是问题，在我身上却严重得承受不了？这些问题是怎样产生的，怎样加以纠正？那时我身边还没有心理诊所，于是我开始一本接一本地阅读心理学方面的书籍，请教专家，查找原因，按照他们给出的方法尝试去做，纠正自己的毛病和缺点。这样坚持一段时间后，我内心的积极情绪又逐渐占据了上风，状态慢慢好了起来，心里平静多了，也不再失眠，吃饭也香了，感觉生活也充满了阳光和快乐。

这些年来，我发觉我身边越来越多的人，包括我的朋友、同事，他们无论年纪大小，不管是学生还是职场中人，时常感叹学习、工作和生活压力太大，每天生活在焦虑之中。他们内心的苦恼我感同身受。长期如此，不但影响学习、工作和身心健康，同时也带来一系列家庭和社会问题。于是，我萌生出写一本关于如何化解内心焦虑，让生活回归到平静、从容中去的书的念头，希望这本书能对各位读者有所裨益。为此，我认真准备了多年。

本书内容涵盖学校职场、亲子关系、家庭关系、人际关系、健康等现代生活的各个方面，分为现实案例、心理知识、解决策略和心灵感悟等版块，每个章节后面都有章节思考，方便读者进一步加深感悟。

我在这部书中讲了许多故事，这些故事中有我的影子，也可能有读者或读者熟悉之人的影子。我把这些故事分为不同的话题，从心理学角度加以分析，回答这些问题是什么，为什么会出现这些问题，以及这些问题对身心健康带来的危害。本书"解决策略"部分吸取了当今心理专家、治疗专家的研究成果和他们给出的操作意见，还有笔者个人的感受、体会和建议，读者可以选择适合自己的方法进行尝试。

　　漫漫人生路，有高潮也有低谷。在竞争激烈的环境中，面对来自各方面的压力，谁都可能有心理不适的时候。我们每一个人都有很强的自我调整能力，只要目标明确，下定决心改变现状，就一定能通过自身努力，回归到从容的生活道路上来，享受社会进步带来的快乐和幸福。

王老墨

目 录

01

我们需要什么样的
生活态度

我们无法改变所面对的客观现实，我们
能够改变的是对待生活的态度，在不改变客观
条件的前提下尽量把日子过得从容一些。

你生活在焦虑之中吗

在我们周围，总有人在不停地抱怨，他们每天都生活在焦虑之中，非常苦恼。

"不知是什么原因，我工作时注意力经常无法集中，总是溜号，不是想起这件事儿就是想起另一件事情，休息的时候也静不下心来，常常心神不宁、坐卧不安。可是，回头认真想一想，有什么大事吗？也没有什么大事，都是生活中的一些琐碎事，扰得我无法安心。"

"我只要遇到点事情，哪怕是非常小的事情也心慌意乱、浮想联翩，不往好处想。我明明知道自己在瞎想，那些事情从来没有发生过，以后也不会发生，可就是改正不过来。"

"我新到一个工作岗位，小女儿刚刚两岁，丈夫又常年在外地工作，我既担心照顾不好孩子，又怕工作做得不好，每天提心吊胆，经常失眠，经常靠吃安眠药入睡，半夜醒来后又睡不着……"

"我最近不知怎么了，动不动就发脾气。回到家里，看妻子孩子谁都不顺眼，本来一句很平常的话也觉得刺耳，非得大发雷霆、训斥他们一顿。我也觉得这样做不对，可就是控制不住自己。"

"我烦心的事情很多，一件接一件。我每天要抽很多烟，喝许多酒。我知道这样对身体不好，可是，我没有办法摆脱内心的焦虑和痛苦。"

焦虑！焦虑！焦虑！

现代人内心有许许多多、各种各样、莫名其妙的焦虑。焦虑像一个无形的恶魔整日纠缠着我们，干扰我们的正常生活、工作和学习，想摆脱又摆脱不掉。许多人无奈地哀叹：我该怎么办？

心理知识

　　焦虑是一种烦躁的情绪状态，包含害怕、着急、挂念、忧愁、紧张、恐慌、不安等心理体验。这种情绪主要来自对亲人和自己的生命安全、前途命运的担扰。焦虑有不同的表现形式和强度，轻者可能只是内心不安，严重者可产生心悸、头昏、恶心、口干舌燥、胸闷、肌肉紧张、汗流浃背等症状，更有甚者会感到身心陷入崩溃的边缘。

　　与特定情境无关的焦虑，也就是忧伤带来的焦虑，称为自由漂浮焦虑（广泛性焦虑），更严重的叫作自发性惊恐症。如果只是在某种情况下才会焦虑，则称为条件性焦虑。条件性焦虑与平常的害怕不同，条件性焦虑经常是大惊小怪和不切实际的。比如，有人一开车就害怕，有人一到医院就紧张，有人一想到要向上司汇报工作就浑身颤抖。当你为可能发生的事情感到焦躁不安的时候，这就是预期性焦虑。

　　焦虑症与生活中正常焦虑的区别在于，前者程度更重，持续时间更长，已经严重干扰、限制了人的正常生活。正常的焦虑是人在预期某种危险或痛苦境遇即将发生时的一种适应反应，或为生物学的防御现象，是一种复杂的综合情绪，也称为生理性焦虑。当焦虑发展到一定严重程度，或者持续时间过长时，就会变成病理性焦虑。

　　适度焦虑具有积极意义。我们在面对潜在的危机和失败，以及现实生活的挑战时，产生焦虑是合理的。适度焦虑可以激发人对所面临的威胁采取积极有效的处置措施，以便更快地解除危机，恢复正常生活。如果我们面对危机和威胁无动于衷、麻木不仁，就说明心理上出现了问题。

过度焦虑会破坏人的正常生活，会带来很多家庭和社会问题。一个人若长期处于高压力、精神持续紧张焦虑、疲惫不堪的状态，就会出现失眠、多梦、记忆力减退等一系列现象，这不但降低学习和工作效率，还可能导致患上高血压、冠心病等疾病，严重影响身体健康，等发展到焦虑症，治疗起来就麻烦了。

焦虑是我们生活的一部分

我们处在一个瞬息万变，令人眼花缭乱、目不暇接的飞速发展时代。在很多人已经尽了最大的努力，还没有完全适应当下的环境的情况下，新的事物就出现了，新的矛盾和问题又产生了。于是这些人不得不被迫放弃原有的平静生活，重新调整思路，加快节奏，迎合社会发生的变化。这怎能不叫人心急？

起早贪黑，匆匆忙忙，急于上班、上学的人们，一边匆匆赶路，一边往口中塞早餐，他们没有时间安稳地吃一顿饭、喝一口水，这是我们时常会在街头见到的场景。不能慢呀，慢了机会就可能丢掉，就会落在时代后面，被社会淘汰。

我们每天要为许许多多事情着急上火。工作、升学、升职、生儿育女、买房子、养老等，每一件事情都需要认真对待，竭尽全力去做。尽管如此，我们发现，现实与理想总是存在着巨大差距，无论怎样努力都无法完全实现自己的理想。

我们时常会有这样的想法，完成一项工作、做完一件事情（买到一个称心如意的房子，得到一份满意的工作，找到一个爱自己的恋人）就圆满了，就可以松一口气了，然后就能过上轻松愉快的生活。实则不然，一件事情解决了，新的问题又接踵而来，还得为之操心、焦虑，你永远无法做到圆满。

丰富的物质生活给人们带来新的欲望和追求，同时也带来了新的挑战。人总是在追求完美，无论是物质生活还是精神生活，都是越丰富越好。可是，我们会发现，无论自己怎样努力也无法完全得到自己想要的东西。

人与人之间的差距总会让人心理上不平衡。为什么会是这个样子？别人有的东西我为什么得不到？我一定要得到。于是便开始处心积虑地想办法，去赶超自己前面的人。这样的日子如何能过得安生？

在交通、通讯落后的年代，没有高铁、没有汽车、没有互联网、没有电视、没有电话，人们只关心自己周围十里八村的事情。现在交通便捷、通信技术高度发达，世界一体化了，人们可以知晓世界每个角落所发生的事情。而这些，我们心里得有多大容量才能装得下？

焦虑已经成为我们生活的一部分。生活在这个时代的人，不分种族、地位、职业，也不分财富多寡，凡是有人群的地方都充满了焦虑情绪。同时，似乎地位越高、财富越多的人也有更多的焦虑倾向，因为他们有更多的顾虑。

不论是年长者还是年轻人，他们都有各自的顾虑。即便是小孩子也不例外。例如一个小学二年级的小女孩，她经常在睡梦中哭醒。她害怕考试，尤其是数学考试，每到考试的时候她就紧张，要请假，一次次上卫生间，甚至拿笔的手都在颤抖。她为什么这样紧张？因为她妈妈要求她每次考试要得100分，可这一个学期她还没有得过100分。

从容是理智的生活态度

社会现实时刻提醒着我们，在社会高速发展的今天，面对来自各方面的压力，每个人都应该关注自身所处的生存环境，关注身心健康，设法减轻工作、学习和生活压力，把日子过得从容一些。

从容是指性格稳重，举止沉着镇静，行事不慌不乱，主要包括以下三个方面。

第一，良好的心态。心态良好的人往往顺境不趾高气扬；失意不垂头丧气，处世不惊，遇事不慌，沉着冷静，善于应变，能够自如应对和调解来自工作、生活和情感方面的压力，虽屡遇坎坷，却不会被困难所打倒。一个人心态不好，心胸狭窄，目光短浅，患得患失，稍遇挫折便整日愁眉苦脸，无法自恃。

第二，健康的生活习惯。养成良好的生活规律，保证充足的睡眠，经常运动，锻炼身体。饮食有节，不暴饮暴食，不纵欲，不酗酒，无不良嗜好。

第三，举止大方。待人接物彬彬有礼，得体适度，不卑不亢，衣着整洁、大方。举止反映一个人的修养和精神面貌，一个内心浮躁、充满焦虑的人，常常表现为举止失当、对人冷淡，或言语过激，容易引发人际关系紧张。

走上从容之路的方法

毋庸讳言，我们无力改变面对的客观现实，无法改变每天工作、上课的时间，无法改变每天必须要做的事情。我们若不按既定生活规则去做就有可能被淘汰出局，丢掉工作、失去学习机会。我们能够改变的只有对待生活的态度，在不改变客观条件的前提下尽量把日子过得从容一些。

如果你现在下定决心改变目前不健康的生活状态，那就应该给自己树立一个明确的生活目标，然后扎扎实实、有条不紊地去执行，这样既不会感到忙乱也不再感到空虚，你的生活将逐渐充实起来。

面对自己存在的问题，我们应该相信自己的能力，坚定信心，建立自信，消除力不从心、无能为力的消极态度，勇敢地一个一个加以解决。

如果你有严重的焦虑症状或其他心理问题，不要讳疾忌医，应该主动去看医生，配合医生治疗。如果你认为你的问题可以通过自己努力得到解决，那么最好不过。本书向你介绍心理学大师阿尔伯特·埃利斯和从事焦虑症及相关问题治疗多年的艾德蒙·伯恩等专家的建议和方法，帮助你解决存在的问题。你的心理调节过程是一个不断从消极走向积极的转变过程，你的问题会越来越少，直至消失殆尽。

如果你有某些特定的焦虑问题，比如，广场恐惧症，一到人多的地方就莫名地紧张，那么请不要回避，要勇敢面对，按照书中介绍的方法，一点点进行训练。只有敢于面对焦虑才能消除焦虑。

心灵感悟

明代思想家吕坤说："天地万物之理，皆始于从容，而卒于急促。"又说："事从容则有余味，人从容则有余年。"这段话翻译过来就是，天地间万物的生存规律是由舒缓从容而发端，由急迫仓促而衰亡。做事从容则事成圆满，余味无穷；人从容则心闲气定，益寿延年。

章节思考

1. 你是否经常有焦虑情绪？你主要在为哪些事情着急上火？

2. 你是否感觉每天的日子过得手忙脚乱？你每天都能在家里从容地吃完早餐后再去上班吗？

3. 你能从哪些方面加以改进，把日子过得再从容一些？

（将这些问题的答案记在一个本子上。当你读完这本书的时候再从头翻看一下，或许对你大有益处。）

02

你操不起那么多心

一个人的焦虑倾向严重，多半是因为他（她）操心的事情太多，身心疲惫，得不到很好的休息。一个人精力和能力有限，不可能同时关注所有他（她）所关切的问题，必须有所取舍。

焦虑是因操心太多

你是一个爱操心的人吗？操心太多，难免经常着急上火，给自己带来许多挥之不去的烦恼。

刚过而立之年的李梅在一家大公司担任部门经理，业绩突出，事业如日中天，最近极可能晋升为公司副总。李梅的丈夫在外地工作，她一个人带着上小学四年级的女儿生活，同时还有两家的四位老人经常需要她照顾。

李梅的工作单位离家很远，自己开车需要 50 分钟左右。她每天早晨七点钟前就得带女儿出家门，先将女儿送进学校，然后自己开车上班。按照这个时间，她每天哪怕是早晨六点钟起床也不算早。起床之后要先做早饭，饭做得差不多了然后叫女儿起床、洗漱，一切准备完毕，与女儿一道草草吃完早餐，连收拾碗筷的时间都没有，就得带女儿出门。日子过得就像打仗一样紧张，常常丢盔弃甲，狼狈不堪。有一段时间，她雇了一个保姆帮助照料家务和接送孩子，可是，那位保姆做得不够好，没几天就被她辞退了，之后她又请了一位，还是不省心，最终还是得自己一个人来照顾女儿。

李梅到公司又开始新的战斗。她要亲自审核部门员工报上来的工作计划和任务完成进度，解决他们遇到的各种难题，然后还得亲自去跑重点客户，与客人谈判。有些事情她本想放手让员工去做，但又担心出现差错，所以只得亲自去做。每到月份的下旬，由于担心完不成公司下达的任务，她还得加班加点。她就像一部高速运转的机器，一刻也不能停下来，一刻也不能慢下来，一点休息时间都没有。她十分珍惜自己竭力争取到的现在的岗位，因此在工作中非常努力、认真，不敢出一点差错。

她下班回到家里并不意味着可以休息，忙完公司里的事情又得开始忙家里的事情。她要帮助女儿学习，完成老师留的作业，还要预习第二天的课程。她发觉，由于自己整天忙于工作，对女儿缺少关爱，孩子的学习成绩明显下降，她必须帮助女儿将成绩提升回来。

忙完孩子的辅导，安顿她睡下，李梅还是不能休息，她还要上网、看手机，查看白天没有来得及看的邮件和客户给她的留言，一一给人家回复。忙完这些事情已经是午夜时分，当她想睡觉的时候又失眠了，翻来覆去睡不着。她经常休息不好，睡眠严重不足，白天无精打采，一点精神没有。为了给自己提神，她被迫学会吸烟，一支接一支地吸，一杯接一杯地喝浓咖啡。一次上班路上，在等信号的时候她竟手握方向盘睡着了，不管后面无数个汽车喇叭怎么催促，她都没有听到，最后引来交警，将她严厉地训斥了一顿，并作出了处罚。

从那之后，她早晨再也起不了那么早，没有充裕时间给孩子做早饭，她开始想办法应付。或者晚上饭多做一些，把第二天早晨的份做出来，热一热吃，或者跟女儿在路边小吃店吃快餐，有时还跟女儿一起买方便食品吃。还有几次时间太紧，她和孩子谁也没有吃早餐。这一天，公司有急事，她必须提前30分钟到单位，就给女儿在路边买了一个卷饼吃。没想到，就是这张卷饼出现了问题，女儿下午就开始拉肚子、发烧。老师给她打电话，她急忙请假，火急火燎地开车带女儿去医院，途中又与别的车发生碰撞，导致她的右腿骨折，最终和孩子一起住进医院。

李梅在养伤的这段时间里，开始仔细梳理自己的生活，反思人生态度，她逐渐认清了一个道理：一个人应从容地活下去，有所得必有所失，鱼与熊掌无法兼得。于是，她痛下决心，向公司辞去部门经理的职务，回家做一个全职妈妈。

公司领导接到她的辞呈，十分震惊，很替她惋惜，同时又很同情她目前的处境。考虑到她在公司卓越的工作业绩和领导才能，公司决定安排她到培训中心做一名培训老师，无需坐班，李梅欣然答应。虽然收入减少，生活却从容多了。她现在有充裕的时间照顾女儿、照顾老人，有时间坐下来静静地读书，慢慢地品茶，还有时间去健身。培训中心有寒假、暑假两个假期，她可以带女儿去外地旅行，领略大自然的美好风光，这在以前是想都不敢想的事情。她在培训中心工作三年，一边授课，一边对自己以前的工作进行反思和总结，编写了两部培训教材，受到公司高层领导的高度赞赏，并将其作为全公司岗位培训的范本。三年后，他的丈夫回到本地工作，女儿也小学毕业，她又被调回总公司，并且很快被提升为公司分管业务培训的副总经理。

心理知识

焦虑就是担心会发生对自己不利的情况的紧张情绪。你焦虑的是你所关切的事情，对于你不关心的事情，即便情况再糟糕的也不会焦虑。一个从不涉足证券市场的人不会为某只股票你涨跌心惊肉跳；狂热的追星族每天不停刷手机，眼睛眨都不眨一下地盯着某明星的行踪，为其一举一动长吁短叹，这让那些不关心娱乐圈的人大惑不解。一旦你所关切的事情受到威胁，你便开始焦虑不安。一个急于买房的人每天都在焦虑房价的涨速，不时地计算着钱什么时候才能攒够？一个急于提升职位的人每天都在关心什么时候职位能空出来，会不会轮到自己？

爱操心的人有很强的控制欲望，妻子控制丈夫（丈夫控制妻子），父母控制子女，上级控制下属。他们总想将对方控制在自己的视线范围之内，按照自己的意愿行事，不允许对方有一丝一毫的差错，如果有谁没有听从自己的话便焦虑不安。有的孩子已经上小学三四年级了，做母亲的依旧事事放心不下，每天像架直升机一样在他们头上盘旋，孩子的一举一动都要被其掌控，大事小事都要按照她的意愿去办，稍有差错便大发雷霆。

操心是为了迎合对方。德国心理学家弗里兹·里曼指出，为了营造和谐以及永远不烦腻的亲密氛围，忧郁人格者有必要表现良好，并勤奋地训练自己具备利他主义的本领：谦虚、随时放弃心爱的东西、息事宁人、无私忘我、有同情心、感同身受，这样他的地位才无人能够取代。弗里兹·里曼举了一个例子：一个人请客和做客，他总是想自己应该独自负责，要让客人相谈甚欢，一旦气氛不够愉悦，他就感到自卑和歉疚。他拼命表现，想让气氛轻松起来。他根本没想到，其他人也有责任，一个人很难搞定一切。他觉得让大家都"快乐"，自己的责任重大。这样的人的脑子里得装多少事情？他时刻都在想怎样让周围的人高兴，都对自己满意，岂能不焦虑？这样的人很容易被周围的人利用，一些本来应该是大家共同承担的责任，便会推到他一个人身上。他心知这样不公平，却有苦说不出来，岂不更叫人焦虑苦恼！

少操心的方法

一个人的焦虑倾向严重，多半是因他（她）操心的事情太多，身心疲惫，得不到较好的休息。一个人的精力和能力有限，不可能同时关注所有他（她）所关切的问题，因此必须对身边的事情有所取舍。

■ 关切度调整法

当你无法一下子关切那么多事情的时候，就要重新考虑你所关注的重点了，能暂时放下的就要放下，以减轻自己的压力。故事中的主人公李梅在事业和家庭无法兼顾的情况下，让事业暂时让位于家庭，使自己的身心得到恢复、孩子受到良好教育、年迈的老人得到照顾，这不失为一个明智之举。

年轻人要把学业放在第一位，婚恋和家庭放到毕业后再考虑，过早谈婚论嫁会影响学业。一个家庭，想买房子、想让孩子出国留学、又想换新车，哪有那么多资金？事情只能一件一件做，齐头并进难免捉襟见肘，自找不安。有多大能力办多大事情，这不仅仅指物质，也指精力，你操不起那么多的心。

如果你被迫无奈，不得不为许多事情操心，那么为了减少焦虑，建议你把所关切的事情排个顺序，比如第一关切的是什么，第二关切的是什么，第三关切的又是什么。当你无法同时关切那么多事情时就按顺序去做，首先去做你第一关切的事情，然后是第二、第三，这样就能避免什么都想做，结果什么也做不好的情况发生。这个顺序并不是一成不变的，可以随时调整。故事中的李梅在她焦头烂额的时候，将最关切的事业发展调整到最后，她首先关切孩子、家庭和自己的身体健康，等到自己身体恢复，孩子大一些，家庭有丈夫帮助照顾时，她又把事业排在了前面。

■ 信念反驳法

一心想控制他人是因为自己缺乏安全感。他们主观上为对方着想，认为只有自己控制才最保险。如果自己不加控制、不加过问、不亲自动手，就会发生意想不到的事情，产生一连串的可怕后果。上司处理事情如果不分巨细，事事都控制下属，下属就会缺乏积极性和创造性，无法施展才华，他们只会完成领导交代的任务，多一点点都不会去做，以免受到批评。家长对孩子控制过严，他们能做的事情自己也不去做，事事依赖家长，这样会影响孩子的发育和成长，导致孩子跟不上同龄儿童的发展节奏，到头来只会加重家长的焦虑倾向。控制欲太强就会很难与人建立长久、令人满意的人际关系，即使是最亲近的家人也会避之不及。想想看，有谁会愿意经常受到无端的指责和批评？

心理学家教给我们一些理性信念反驳和批判非理性信念的方法，用来解决过度操心的问题，这种方法很管用。

当你要为某个人、某件事情操心的时候，你的思想上就会产生一些非理性信念:"这件事情我必须得管（必须过问）。""如果我不管、不去过问，一定会出现问题。"这个时候你要向自己提出质疑:"我有什么证据证明一定会发生问题?""这件事情如果我不去管，会发生什么事情?"这样质疑自己之后，你会发现自己是多此一举，这些事情真的用不着自己操心。

你可以把你认为可能发生的事情一一列举出来，然后看一看如果自己不去管，最坏会是一个什么样的结果。是一发不可收拾，还是可以接受? 如果这个结果还是可以接受，那就不要去管，听之任之。你这样做之后就会发觉，你以前控制得这么严格，其实是在自找苦吃，即便自己不插手、不去过问，人家也做得很好，这时你的心里会平静许多。

■ 不做自己不想做的事情

在我们身边总有一些热心的人，他们总是愿意去管别人的事情，站在别人的立场上考虑问题，替别人着想，这些美德是正能量，值得学习和表扬。可是，有的时候，他们这样做并非心甘情愿，而是迫于无奈，不得已而为之。在他（她）看来，自己必须牺牲奉献才能得到他人的认可。如果是这样，岂不是活得很累?

不要为了表现自己、证明自己，去做那些力所不能及的事情。少做自己不想做、无奈的事情。要知道，这与乐于助人是两个概念。乐于助人是心甘情愿的付出，心中坦然，给自己带来的是愉悦;而做自己做不到或不想做的事情只会心生苦恼。

当你想做这些事情的时候要不断地向自己发问:

"我为什么要这样做?"

"我是真心实意地想帮助他（她）还是为了取悦他（她）?"

"我这样做内心是快乐的还是心有不安？"

然后你自己来回答：

"我安心做我自己的事情。"

"我要走自己的生活道路。"

"我不会去猜测他人所需进而去取悦他们。"

"我不会太在意他人对我的评价。"

这样想之后你的心就会平静下来，不会焦虑不安。

■ 不做费力不讨好的事情

有人喜欢管别人的闲事，别人穿一件什么样式的衣服、理一个什么样的发型都会大加评论或大加赞赏或愤愤不平，这叫"咸吃萝卜，淡操心"。喜欢吃咸萝卜的人认为这是种享受，而你不喜欢吃咸萝卜，却在那里替人操心，这只会让人十分不解和反感，非但起不到融洽感情的作用，相反，人们会对你敬而远之，这样的心就更不应该操了。

心灵感悟

佚名：最好的礼貌是不要多管闲事。

章节思考

1. 想一想：你有哪些不应该操心的事情？试着减少它们。

2. 如果你感觉到力不从心，试着按照顺序排列一下你最关切的几件大事，并经常调整它们的顺序。

03

急于求成往往功亏一篑

生活速度太快，我们常常跟不上节奏。不如尝试慢一些，慢一些不是在浪费时间、浪费生命，而是遵循生存的法则，将生活过得更幸福、更有意义。

揠苗助长违背自然规律

李苹的女儿梅梅今年上小学二年级。李苹在女儿四岁的时候给她报了一个语言口才班，学习朗诵和表演。孩子到了上学的时候已经学会二百多首古诗，朗读和表演已经相当不错。之后梅梅在一个培训机构组织的朗诵比赛中得了第一名，街坊邻居和单位的同事都夸孩子是个天才，将来一定会有大出息。听到这些话李苹心里非常高兴，常常以女儿为骄傲。为了使孩子早日成才，她暂时放弃了自己的工作，把全部心思都用在女儿身上。她教女儿学习文学知识并练习写作文，为其将来成为作家、演说家做准备。这天，李苹看到市里有个单位组织儿童朗诵大赛，心中一喜，觉得这是一个让孩子出人头地的好机会，如果有一篇好的朗诵稿，以梅梅的功夫，在市里的大赛得奖应该不是难事。孩子的才华得到展示，有了名气之后，学校再举办什么活动时就会想到梅梅。

李苹请专家给女儿写了一篇三分钟的朗诵稿，又请语言培训班的老师帮助辅导，反复向孩子强调这次比赛的意义。梅梅很懂事，明白妈妈说的话，练习得十分用心。临近比赛，李苹让女儿当着她和丈夫的面表演了一次，她和丈夫都觉得很完美，他们心里有了把握，认为女儿获奖不成问题，不是一等奖也是二等奖。她鼓励女儿说，等你比赛结束，妈妈一定给你一个大大的奖励。

可是，李苹万万没有料到，女儿居然连决赛都没能进入。她顿时傻眼了，不知道问题出在哪里，为什么会出现这样的结果？这绝不可能，一定是评委们搞错了。难道还有比梅梅表现更出色的吗？她反复地盘问女儿："梅梅，你回答妈妈的话，你不是说自己朗诵得很好吗？为什么会是这样的结果？"梅梅看着妈妈严厉的目光，吓得不知如何回答，躲到一边暗自流泪。梅梅心中清楚，自己当时没有发挥好，面对评委老师有些紧张，开头朗诵的时候小声嘟囔了一句，大概就是这句对她造成了不好的影响。可是，她害怕妈妈责怪，出来的时候没有敢跟妈妈说实话。

李苹一连几天都没有给女儿好脸色看。她心里一直放不下这件事情。她太失望了，孩子怎么这样不争气？这么笨的孩子，将来还能有什么出息？她变得焦躁不安，对孩子的前途丧失了信心。

丈夫发觉李苹的思想很有问题，便在孩子睡着的时候跟她认真聊起来。丈夫对她说："我发现你有些太心急，孩子需要慢慢长大，想让孩子一天成才，这怎么可能呢？你可别成为那个揠苗助长的农夫。"

开始李苹并不认同丈夫的话，还跟他争辩，当她一个人静下心来，再想想丈夫的话，觉得他说得很有道理。一个六七岁的小孩子，还是一株小苗，需要慢慢地长大，拿不拿奖又能怎么样？我是不是要求太高了？孩子没有朗诵好，有各种各样的原因，我真不应该求全责备。

李苹回想带女儿参加比赛时的那个场面，整座大楼里人山人海。有父母带孩子来的，有祖辈老人带孩子来的，有一家几口人一起来的。小小的孩子被夸张地化上浓妆，让人看了心里很不舒服。这些当家长的比孩子更焦急。孩子需要慢慢地长大，我们为什么要这样焦虑不安，去做那个揠苗助长的农夫呢？李苹决定今后不再给孩子报名参加这样的比赛，让她安心学习，慢慢成长。

心理知识

没有关切就不会有焦虑。当我们关切的事情受到威胁，便开始着急上火。一般而言，我们会在哪些方面心急不安呢？

一、现实与理想之间有差距。对自己目前所处的环境和地位不满意，事业不理想，孩子学习不够好，没有享受到良好的教育资源，家庭收入太少，没有房子，没有好车等等，现实与自己的理想状态差距太大，心中不甘，急于改变现状。

二、担心落在他人之后。目前的学习成绩、工作环境、所处地位等已经很不利，且仍有后来者不断地超过自己，因此认为不能再慢腾腾地磨蹭，得加快速度。即使不超过前面的人，也不能让后面的人超过自己。

三、对资源不足的恐惧。"我现在手中有什么？有房子有车还是有多少存款？我挣的工资实在是太少，怎么敢娶妻生子？"

四、对将来未知的恐惧。"现在日子过得就这样艰难，将来会是什么样子？如果物价再飞涨，我们的收入跟不上，这一家人可怎么活呢？""我对现在这个工作厌烦透了，想一想，我要在这里工作几十年，还不把我折磨死。"

每一个人所处的环境不同，焦虑的侧重点也有所不同，但大都离不开学业和工作问题、人际关系问题、爱情和家庭问题。

随对上述三个方面问题的恐惧与担心而来的是心理上的一个显著变化：急！急！急！人们急于缩小现实与理想之间的差距，急于追赶在自己前面的人，急于储备资源以应对未来变化。

一个人如果长期处于焦虑状态，就会给健康带来一系列问题。我们应该关照自己的身心健康，设法让自己慢下来。

设法让自己慢下来

英国新锐小说家马特·海格在 24 岁时患上了严重的抑郁症和焦虑症，他在《活下去的理由》一书中谈到自己治疗焦虑症的体会时说："归根到底，没有一种药是百分百有效的。有效的药物是存在的，但只有骗子才会说他们每次都管用，或者总是你理想的选择。没有其他辅助治疗，仅凭药物治好一个人的状况是很少见的。不过对于焦虑症，似乎真的有一样东西，对任何人都管用，它就是——慢下来。焦虑症让你的头脑处于高速运转状态，而非正常的播放速度，要想让这个快进速度慢下来并不容易，但慢下来真的有用。"

■ 正确认识生活中的快与慢

生活中快与慢是相对的。快中有慢，慢中有快。有人以为快总要比慢好，可是只图快未必能把事情办好。"欲速则不达""揠苗助长"说的就是只图快不顾质量带来的种种弊端。"十年磨一剑"，快了则无法保证质量、慢了未必就是效率不高。凡事都有其内在法则，需要水到渠成、瓜熟蒂落，急于求成往往功亏一篑。

当人的大脑一直处于高速运转状态，无法进行认真、冷静的思考时，就会常常出现错误。俗话所说的急中出错、快中出乱、忙昏了头，都表达了这个意思。慌不择路，是说一个人因过于惊慌而顾不上选择道路。为了使自己不落伍，赶超处于前面的人，便不断向自己施加压力，付出比以前更多的辛苦。例如：多做工作、多挣钱、多攒钱；为了提高孩子学习成绩，不断地给孩子施加压力，加大学习量，学习成绩差就补课，成绩好也要补习，美其名曰保持领先地位，实际上这些做法只会让身体不堪重负，未必会有好的效果。有人担心忙乱之中会出现错误，不敢贸然决断，可是事情又不能不去做，只得将目光投向他人，或者在网络中寻找答案。这些人以为随大流总不会走错路。抱有这种想法的人会养成思想懒惰的习惯，凡事不愿意独立思考，人云亦云，盲目跟风，跟来跟去，最后还是跟错了。

一个人处于急进状态时，常常无法保持冷静头脑和理智思考，不是情绪激动喜欢钻牛角尖，就是提出各种各样的偏执疑问："我家孩子为什么会是这个样子？这太不公平！你家孩子能得第一名，我家孩子又不傻，凭什么不能得第一？我偏偏不信这个邪，我们再比一比看。"于是，不断地给孩子施加压力，命令孩子："你给我学，学，学！"

■ 用正确信念反驳错误信念

一个人长期处于急进状态时，思想上会出现各种错误信念。这些错误信念潜藏在我们内心深处，会时不时地冒出来，以假乱真，被我们当作是一种真实反映，导致焦虑情绪越来越严重，无法有效地工作、学习，干扰了正常生活。因此，必须用正确信念来纠正这些错误信念。

当我们头脑中出现必须快进、急于行动的强烈信号时，首先要对自己提出质疑：

"我为什么要这样着急呢，有什么证据支持我的这个信念？"

"我怎么样来证明我的想法是正确的？"

你可以把你现在的这些信念一一列举出来，然后用正确信念进行反驳。

例如，某家长见自己周围有许多孩子都在报名参加某个课外培训班，于是开始焦虑不安。他认为，如果自己孩子不参加这个培训班就会落在他人之后。他没有作具体分析，就急忙交了钱让自己孩子参加培训班。而正确的做法是保持冷静，家长不要急于采取行动，首先要质疑自己的想法：

"我有什么证据证明孩子不参加这个培训就会落在他人之后？"

"这个培训班真的很适合我的孩子吗？"

"广告上的宣传是真实的吗，有没有夸大其词？"

"我这样匆匆忙忙地去报名是不是有些盲从？"

当你向自己提出这些质疑后就会冷静下来，在理性的认知状态下，你可能不会相信你原来的那些信念。

调整目标和计划

在我们的头脑里，每天装着很多很多需要办的事情，心中总是担心这些事情做不完、做不好，于是不由自主地加快速度，使自己一直处于急进状态。

实际上，我们牵肠挂肚，干着这个想着那个，同时处理多项任务的效果往往并不好。这时不如对目标和计划做些调整，暂时舍弃一些东西，或者把一些事情放到最后去做，集中精力先做容易的事情。这样做之后会发觉，其实你并没有少做什么。如果你担心这样做会误事，可以在调整时，从你认为次要的事情或任务入手，先尝试少减掉一些，然后再逐渐多减掉一些。

放慢节奏，一切按计划行事，稳扎稳打，避免重复和无谓的浪费，是更为有效的一种工作方式。这种方式减轻了压力，不再将工作当作一种沉重的负担，而是学习享受工作带来的快乐，这样效率自然会更高。

学习享受生活

给自己留够休息和放松的时间，使大脑保持平静状态，有利于保持有效的思考和行动，这不是浪费时间和生命。

在舒适环境中安静进食，享受食品的美味，可以有效地缓解紧张焦虑情绪，促进胃液分泌，有助于食物的消化和吸收，减轻胃肠负担，增强饮食情趣。

慢跑、瑜伽、太极拳、散步、台球、钓鱼、健身气功等，这些运动项目舒缓平和、动静平衡，在繁忙工作和学习结束后适当运动，有利于排解内心烦恼、缓解心理压力，放松心情。

在一个地方安静地待上一段时间，慢慢地游览、细细地品味、静静地思考人生，在体验人文景观和自然景观的过程中让身心得到完全放松。

沉浸在一本书中，慢慢欣赏，深度思考，从文字中发现更多意义和乐趣。

在快节奏时代，享受慢生活的乐趣对于许多人来说，是一种可望而不可及的理想状态。我们常常身不由己，没有时间坐下来慢慢地品茶、细细地享受美味；没有时间悠闲旅行，领略祖国和世界的大好河山；没有时间捧上一本书，仔细地阅读。可是，我们不能像陀螺一样总是不停地旋转。学会享受生活需要我们去学习、强化积极的体验，从容易做到的小事入手，逐渐放慢生活的节奏，一点一点地改变我们的生活方式，增加生活趣味和幸福感。比如，你以前每天十分忙碌，从来不做家务，现在不妨每周抽出一晚的时间，学做一顿美食，从选择食材开始，一直到烹饪，都由你一人来完成，然后与家人共享，让家人欣赏自己的厨艺，同时倾听家人的感受，你的心情会大不一样。

心灵感悟

金庸:"我是个慢性子,做什么都不着急,喜欢徐徐缓缓地,最后也都做好了,乐观豁达养天年。"

章节思考

1. 你是一个缺乏耐心的人吗?你在心急焦虑状态下出现过哪些失误?

2. 回想一下你每天的生活节奏,如果有不合理的地方,尝试调整一下。

04
删繁就简心中不乱

　　生活过于复杂，长期生活在焦虑不安之中，身体健康就会受到严重影响，以致于带来一系列家庭和社会问题。只有将生活简单下来，才能缓解工作、学习和生活压力，才能回归于自然、回归到平静舒适的生活。

焦虑是因为生活太复杂

我们每天焦虑不安，是因为生活太复杂，有太多的事情需要去做、需要操心劳神，每天忙得焦头烂额，脑子乱成一团麻。如果我们设法将生活过得简单一些，还会那么乱吗？

马莉莉有一个心爱的丈夫、一个上小学四年级的可爱女儿、和一份称心的工作。可是，她的日子过得并不开心，每天生活在焦虑之中。

马莉莉是个要强的女人，她不允许自己、丈夫和女儿在哪一个方面落在他人之后。她要给丈夫最好、最贴心的照顾，给女儿最好的学习环境和条件，而且自己的工作还不能落下，所以她要付出比常人更多的辛苦。每天，她早早起床开始给丈夫和女儿准备早餐。她的标准是每天早餐做三样菜、三样主食，保证大人和孩子有足够的营养。可是，让她苦恼的是，当她饭菜做好了，丈夫和女儿却不能安稳地坐下来把饭吃完，他们急于上班和上学，囫囵吞枣地吃上几口就走，大部分都得扔掉。晚上，只要单位没有特殊事情，她都会做上一顿丰盛的晚餐，作为补偿。

马莉莉在单位领导一个处室，处室有六个年轻人，没有老同事。年轻人缺少工作经验，每一项工作都得她手把手地教他们，然后再反复叮嘱、检查，不然会给她惹出许多麻烦。

马莉莉人缘很好，有许多朋友，连小学、中学的许多同学至今仍然保持联系。她要经常参加朋友、同学和同事的婚丧嫁娶活动，还要陪闺蜜、好友逛商场购物。下班后，单位和朋友间的应酬她不能不参加，同时她还要辅导孩子学习，她常恨自己分身无术。她只能先去应酬一下，然后急忙赶回家辅导孩子功课。

马莉莉是个贤妻良母，不是一个只顾自己的自私女人。她给自己买的东西有限，给丈夫和孩子的东西却不能少。衣柜里有许多丈夫和女儿的衣物，买来后存放了几年，丈夫和女儿连一次都没有穿过。

她有百十来个微信群、QQ群，同学的、朋友的、同事的、客户的……她也觉得群太多，想删掉一些，可翻来翻去，哪个都不能删掉。如果她有一两天不在那些微信群、QQ群里露个脸，说上几句话，就会有人以为她出了什么状况，就会打来电话，追三问四。

休息日，她的日程更是排得满满的，她要陪女儿参加8个课外班，带家人参加朋友聚会。这样的聚会几乎每个月都有两次，她虽然很厌烦，却想不出什么好办法能推辞掉。

马莉莉的日子过得很累，常常为无法将事情做得完美而焦虑不安。夜里睡不好觉，白天无精打采，终于她患上了冠心病，住进医院。

丈夫请假守在病床前照顾她，诚恳地劝她："莉莉，咱们的日子不能再这样继续过下去，简单一些行吗？"

马莉莉见丈夫说这话，心里很生气，反驳他说："简单？我们家一共三口人，哪个能简单？是孩子能简单，还是你能简单？你们都不能简单，那只有我简单了。你的意思是叫我不上班，不出门，就宅在家里？"

丈夫见马莉莉生气，便缓和口气说："你现在生病了，我不想与你争辩。不过，还是想请你好好想一想，你现在还不到四十岁就患上冠心病，如果有个三长两短，想不简单都不行了。"

马莉莉每天不停地忙碌，设法将所有的事情都做得尽善尽美，最后将自己累病了，住进医院，这一切令人深思。我们来分析一下，马莉莉将时间和精力都花费在哪里了？

一、马莉莉极力充当贤妻良母的角色，要给丈夫和孩子最好的关怀和照顾，为了让他们吃得好、喝得好，她每天早早起床，不重样地做三样菜、三样主食，晚饭更要丰盛。可是，作为一个职业女性，她每天还要上班工作，早餐和晚餐做得那么复杂，占用了很多时间，她怎么能吃得消。

二、马莉莉的女儿才上小学四年级，周末两天要上八个课外班，比平时上学还要忙，哪里还有休息和玩的时间，孩子会快乐吗？同时占去马莉莉和她丈夫许多时间，他们在也得不到休息。

三、马莉莉没完没了地参加朋友、同学的交往活动，这占掉她很多时间和精力。有时，休息日也要参加朋友的聚会，不但占掉自己的时间还占掉与丈夫、孩子相处的宝贵时间。

四、她有百十个微信群、QQ群，要不停地翻看手机，在群里还要时不时地说些有用没用的话，回答朋友们的问题，这又要花掉她不少时间。

五、马莉莉是部门领导，每天要手把手教年轻人，反复叮嘱并检查他们的工作，这也花掉她不少时间和精力。

马莉莉的丈夫说得很对，如果马莉莉再不简化自己的生活，真有个三长两短，想不简单也不行了。马莉莉只有趁早快刀斩乱麻，放下包袱，才能轻松生活。

心理知识

美国心理学家蒂姆·凯瑟指出，时间上的富裕能给人比物质上的富裕更多的幸福。

生活原本非常简单，随着人们的追求和欲望不断增多、日益膨胀，生活才变得繁杂起来，以致追求和欲望成为负担。简单才能给自己更大的生存空间、更多的自由，才有利于目标的实现。

现实生活中有许多人跟马莉莉一样，生活太繁杂，每天需要应付各种关系、参加很多应酬、办很多事情，而且每一样都必须办好，不能出现任何差错。但人的精力毕竟有限，难免手忙脚乱，顾此失彼，结果很多事情非但办不好，反而把自己累得焦头烂额。只有把生活简单化，减掉那些可办可不办的事情，减少那些没必要的应酬，日子才能过得从容一些。

让生活变得简单的方法

我们仍以马莉莉的故事为例，看一看应该怎样简化自己的生活。

■ 简单从心开始

不做完美主义者。完美主义者的思维模式是"必须""一定""我必须超过他们""别人有，我一定要有""我一定要做到""我不允许出现一丝一毫的差错"。

马莉莉现在明白，无论自己怎么努力都无法做到完美无缺。本想什么事情都不落在人后，结果还是顾此失彼，丢三落四。后来，她转变了完美主义的思维模式，不再好胜逞强，不再事事与他人攀比，自觉地放弃一些东西。她开始心平气和地接受生活上的某些不如意。她不再关注同伴们的新时装、新发型，自己和家人的穿戴只要舒适得体就行。她懂得，生活中总会有所长，也会有所短，甚至有些缺憾，要学会取舍。舍掉一些东西，把生活简单化，是为了更好地得到和拥有另外一些东西。

■ 简化物质生活

马莉莉以前花费大量时间精心准备早餐，丈夫和孩子却没有时间享用，现在她改变早餐原则，不去追求完美，只要可口和有营养即可。晚餐也是如此，不再追求如何美味和丰盛，只要做到营养合理、均衡即可。这样可以避免一家人因吃得太胖而为如何减肥再操心。

她认真清理家里的所有"库存"。她发现，她费尽心思买来的许多衣物，有的连一次都没有穿过，这既浪费了钱财又浪费了时间，做的是得不偿失的傻事。她把能用的东西留下，不能用的一概处理掉。今后再买东西只考虑实用，暂时用不上的东西一概不买。

■ 简化人脉关系

马莉莉发现，自己虽有那么多朋友，但真正志趣相投的并没有几个人，还得挖空心思地去平衡关系。人不能没有朋友，但朋友太多等于没有朋友。她一改原来广交朋友的做法，开始亲疏有别，没有必要走得太近的人就保持一定距离，渐渐减少应酬。虽然一开始拒绝时一些人不理解，需要花费些工夫，想一些办法去解释，慢慢地也就习以为常了，她也省却了不少心思。

■ 简化工作

马莉莉开始对处室六个年轻人采取放手政策，凡是他们能干的事情就放手让他们大胆去做。他们做得不好的时再与她一起研究、共同改进。她发现这样做后不但自己轻松了许多，年轻人的工作积极性也比以前更高了，工作做得更好了。她心中后悔，要知如此何不早早放手。

马莉莉对自己的工作方法进行了一次全面的调整，减少繁文缛节、减少会议、减少请示报告，工作效率反倒提高了。

■ 简化信息

马莉莉发现，她大量的时间被互联网、微信群、QQ群所占据，一有时间便上网看新闻、刷朋友圈，大脑完全被这些有用没用的信息占满，没有自己的思考空间。她将百十个微信群和QQ群删得只剩几个，除了必不可少的工作群，保留的大都设置成免打扰模式。

■ 还孩子一个快乐童年

孩子在马莉莉心目中的位置最重要。她一心想让女儿样样都名列前茅，所以才去学这个学那个。她狠狠心，给孩子减掉四个课外班，虽然少学一些东西，但孩子有了一个快乐的童年，从孩子的长远成长来看未必不是好事。再说，贪多嚼不烂，让孩子学那么多东西未必能消化得了。同时，她也腾出一些陪孩子的时间，去做该做的事情。

如同电脑清盘、处理垃圾，马莉莉减掉自己得不到、做不好的事情，清掉无用的事情，给大脑腾出空间，为自己赢得了大量的时间和精力。

马莉莉把自己的生活简单化之后，非但没有影响生活质量，反而日子过得比原来更加快乐和幸福。从此她心里没有以前那么多的负担，不再为追求过高的物质生活把自己压得喘不过气来，不再费尽心思去平衡各种关系，工作上也不用事事亲自动手，省下大把的时间她用来安静地读一本书、喝一杯茶，与丈夫、女儿一起去玩。马莉莉的身体也比以前好多了，人也精神了，不再愁眉苦脸、唉声叹气，她的生活更加充实、健康。同时，她发现，她的简化策略不但没有影响她的人际关系，反而得到了朋友们的理解和尊重。看来，一切都是自己把生活搞复杂了。

马莉莉的故事告诉我们，生活过于繁杂，长期生活在焦虑不安之中，身体健康会受到严重影响，并带来一系列家庭和社会问题，影响社会和谐发展。只有将生活简单化，才能缓解工作、学习和压力，才能使人回归于自然、回归到平静舒适的生活。

心灵感悟

爱因斯坦："依我看，每件多余的财产都是人生的绊脚石；唯有简单的生活，才能给我创造的原动力！"

章节思考

1. 想一想：你的时间和精力有哪些是浪费的？

2. 你的生活在哪些方面可以简化一下？这样做会影响你的生活质量吗？如果没有大的影响，请你试着简化一下，看一看会有什么样的变化。

05
你为什么对自己总是不满意

一个人的能力和精力是有限的，无法做到完美无缺，人生总是会有这样或那样的缺憾。我们只有发挥自己的潜能，才能活得精彩一些、丰富一些、快乐一些，而不应该为追逐那些根本达不到的目标而焦虑不安、郁郁寡欢。

完美主义的性格特征

毛小梅为自己设计了一个美好的人生：一个自己满意、有前途的工作，一个才华出众、听话、对自己忠贞不二的丈夫，一双聪明伶俐的儿女，有足够的存款和一个大房子。为了实现这些目标，她辛辛苦苦奋斗了十多年，可是结果依然不尽人意。丈夫虽然很爱自己，却不是想象中的那么有才华，不但平平常常，人还很固执，常常不听自己的话，惹自己生气。十岁的儿子很顽皮，学习不够好，常常在学校淘气惹祸，她两次被老师叫到学校，这让她很丢面子。小女儿六岁，天真可爱，很有音乐天赋，毛小梅给她报了一个钢琴学习班，但是孩子说什么也不愿意学。自己对工作算得上兢兢业业，业绩也不错，但是升职提薪没有自己。她为此愤愤不平，白天在单位压制自己不发泄，回到家里就冲丈夫和孩子们发脾气。她夜里常常睡不好觉，白天无精打采。一次，因工作上的事情受到升职的同事批评，她心里很不服气，没有控制住自己吵了起来，结果把自己气晕过去，被同事们送到医院。医院诊断，她患有高血压病和神经官能症，必须住院治疗。

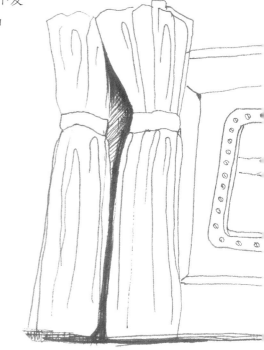

在外地工作的表姐闻讯赶来看望她，毛小梅向表姐絮絮叨叨地聊起这些事情，问表姐："你说，我是不是很失败？"

表姐盯着她的眼睛，直言不讳地反问："你失败吗？你自己说一说，你失败在哪里？你有一双可爱的儿女，丈夫有一个稳定的工作，他很爱你和这个家，要那么听话干什么？难道你的话是圣旨，说一不二？尽管儿子有些淘气，可那是大问题吗？孩子在成长过程中，顽皮一些很正常。小女儿天真可爱，这么小，为什么非要逼她学钢琴？你这样要求家人是不是太残酷了？再说你自己，尽管暂时没有升职，可你的工作成绩在那摆着呢，领导同事不会总视而不见，升职不过是时间问题。那么，还有其他问题吗？房子不够大，但足够一家人居住；存钱不够多，但足够生活。你还想要什么？依我看来，不是你生活失败，而是你把自己的人生设计得太完美，把自己束缚在自己编织的框子里，看这也不顺眼，那也不如意，心中能舒服吗？如果你试着抛弃一些东西，把自己的标准降低一些，就不会住进医院，你会幸福、快乐多了。"

毫无疑问，毛小梅是一个追求完美的人。完美主义类型的人有什么样的特征呢？我们从毛小梅身上可以看出来。

一、对自己和他人有

不切实际的过高期望。他们为自己定下一个不切实际、永远无法达到的目标，每天为这个目标而忙碌，可以想象出他们的内心有多么着急。他们按照这个无法达到的目标不断地要求自己、告诫自己："我努力得非常不够，还差得很远，我应该更加勤奋""我应该把握好每一件事、胜任每项工作，不能放弃任何一个机会。"他们做任何事情都是一丝不苟、追求精致。"这件事情还有瑕疵，我再努力一下。再加油一把就完美了""我对孩子再严格一些，他就达到目标了。"他们每日疲于奔命，累得筋疲力尽，到头来，发现做得还是不够完美，有许许多多不尽如人意的地方，达不到自己的理想目标。

二、处处难为自己，自己跟自己过不去。他们过分地关注自己和别人的缺点与不足，对自己和他人总是不满意，不允许有任何错误存在，哪怕是一些微不足道、细微的缺点也不会放过。"不行，这件事情还有缺陷，得重新做。"以致一件事情做了几遍都不满意，于是便垂头丧气，责怪自己无能，怎么这样笨呢。故事中的毛小梅就是这样，眼睛只盯着丈夫和孩子。丈夫平庸，缺少才华，把她的话当作耳旁风；孩子学习成绩不好、不听话，还让她丢面子。她看不到他们的长处和优点，恨自己无能，管不好这个家。

三、常常把自己与他人进行比较，挑剔自己、责怪自己。"为什么别人做到了，我却没有做到？""为什么自己永远没有别人做得好？"有的家长对自己孩子说："你看，我们家邻居小明都考了100分，你为什么没有考100分？难道你还不如他？"错误地比较，盲目地羡慕他人，使自己陷入不达到完美誓不罢休的误区，整日患得患失。可是，你怎么知道你羡慕的那些人就一定完美了呢？那些外人看似光鲜完美的人和事，他们也有自己的缺憾和不足，只不过不被外人知晓罢了。我们没有必要事事追求完美，苛求自己，使自己跟自己过不去。

心理知识

德国心理学家弗里兹·李曼说,"在强迫型人格者的身上总是找得到完美主义的影子,使得他们与人群渐行渐远,以为生活就应该和他们想象的一模一样。然而,看看他们如何费尽心机让生活依照他们的模式进行,这些努力的本身就是一种强迫行为。强迫人格者对'乱七八糟'严阵以待,唯有一丝不苟地遵守那些规矩,才能获得一纸中规中矩的保证,保证一切井然有序。"

我们经常能看到强迫型人格的家长对孩子严厉的态度,"告诉你,我说过的话,你必须照着去做,不允许有半点改动。"他们容不得孩子自由发展,孩子稍有反抗便以为是大逆不道。孩子在这样的家长教育下往往会产生自卑,缺乏自信。他们时常要看家长的眼色行事,想方设法取悦家长,长大之后,缺少主见、缺少创造力和应变能力。

英国心理学家杰萨米·希伯德指出,"完美主义与冒名顶替综合征往往是同时发生的,也是最常见的症状类型。"

"冒名顶替综合征"是一个心理学上的名词,意思是冒名顶替者或是骗子。

"冒名顶替综合征"的患者觉得自己是冒名顶替者,自己获得的成功名不副实,自己是个骗子,即使已经取得很高的专业成就,获得社会的广泛认可,依然觉得心虚,总是担心有朝一日会被他人识破。他们无法"内化"自己的成就,把成功归结为是自己运气好,是自己欺骗别人,别人没有识破自己。当他们失败时会认为是自己的能力、智商不足。

"冒名顶替综合征"的伴生行为有两种。一是过度工作。

冒名顶替者觉得他人比自己更有能力和智慧，自己必须加倍地工作，以此来掩盖自己的不足。本来已经做得很好了，还要一遍又一遍地去做，浪费了自己的精力，影响了人际交往、个人的爱好和乐趣，干扰了其他事情。二是逃避。当面对如此高的标准时，内心充满了对失败的恐惧，迟迟不敢开始。即使开始，一旦遇到困难往往会半途而废，或者不停地往后拖延。他们的日常生活充满焦虑和痛苦，给身体和情绪带来一系列负面影响。

克服完美主义的方法

完美是人们的一种理想状态，只会出现在文艺作品中，不会发生在现实生活里。世人都渴望完美、追求完美，可谁又能做到完美呢？每个人的身心结构，受遗传和环境影响，因生活内容和行为模式的不同，形成独特的人格和个性，每个人注定具有一定的局限性和片面性。

■ 转变绝对化的思维模式

美国艾德蒙·伯恩博士指出"克服完美主义，需要从根本上改变你对自己的态度以及你看待生活的总体态度。"

改变绝对化的思维模式，把自己从禁锢中解放出来，给自己留有余地和空间。在计划做某件事情或者某件事情发生之后，多想一想自己的态度是否正确，有没有偏颇之处，避免绝对化倾向，这样可以减少焦虑。

完美主义者喜欢用绝对化的思维模式思考问题、要求自己和别人，无论是什么事情必须做到最好，不能出现丝毫的差错。"这件事情我必须办好。""这次考试你一定要给我得 100 分。""我绝对不能犯错误。我绝对不会做那样的事情。"这样的思维模式只能让人时时陷入焦虑和不安之中。

给自己换一种说法："这件事情我会尽力而为。"鼓励孩子："妈妈相信你会努力，无论考什么样的结果，妈妈都爱你。""人不可能不犯错误。有了过错不要紧，下次改正就是了。""这次做得不够好，可以总结经验，下次做得更好一些。"这种思维方式能给自己和他人留有充分的余地，避免把自己逼到绝路上去，这样心里就会坦然多了。

■ 目标应切合实际

完美主义者的焦虑在于将自己的人生目标设定得特别高，每天为之操劳，却永远达不到设定的目标。将目标设定得低一些，经过努力便可以实现。

如果客观条件和环境发生变化，导致原来的想法不再切合实际，则应该考虑对目标进行必要的调整，放弃一部分目标。充分考虑时间、精力、资源等各种因素，让你的目标切实可行，清晰可见。

将一个大目标划分成若干小目标，当这个目标实现之后，再设定新的目标。想将孩子培养成一个优秀的作家，首要的目标是让孩子学好基础知识，写好作文，然后一步一步设定目标，一点点提高。这样不但可以使你有一种成就感，同时也可以让你对自己的精力和能力做到心中有数。

■ 不夸大自己的过错

人非圣贤，过错在所难免。一个人总是不停地责备自己，会让自己陷入暗无天日的境地，看不见光明、看不见希望。

经常实事求是地想一想：我的这些过错会对自己产生什么样的影响？并非是什么大错误，都是些微不足道的小事，不会有什么影响。任何成功都是对失败和错误的总结，我的这些过错只会积累生活经验，使自己更加成熟。对孩子的要求更不能过于苛刻，他们只会在过错中成长，不让他们犯错误等于不让他们成长。

在不如意时多看到自己的长处，多想一些积极的事情。比如，想一想这一天做了哪些事情，有哪些收获和进步，帮助了什么人，有哪些令人高兴的事情。没有什么收获也不要紧，至少应该清楚明天要怎样去做。

接受自身的不足，是爱自己的表现。同时对他人也不要过于苛刻，宽以待人，不但会使自己舒心，也会使他人更容易接受你。

■ 将生活变得富有乐趣

完美主义者的刻板和教条是导致他们焦虑的重要原因。他们唯恐事情发生偏差，总是在不断地校正、修饰自己，惶惶不可终日，使生命缺乏活力、缺乏乐趣，周围人也觉得不舒服。例如，有人给一个年轻小伙子介绍了一个貌美的女友，小伙子一见钟情，可那个女孩是一个完美主义者，她对小伙子挑剔得很。他们在一家咖啡店约会，女孩对他说："瞧你，今天怎么穿这身衣服和我约会？我不喜欢。""你为什么理这样一个发型？不适合你。""你为什么要选择这家店和我约会？你看看，这里面都是什么人？"那个小伙子因不堪女孩的挑剔，很快与她分手了。

尝试改变刻板、教条观念，给自己更大的空间，可以使自己与他人的关系更加和谐，同时也可以让生活快乐起来。前文故事中的毛小梅，家人和单位的同事都说她变了，她哪里变了？是她的态度发生了变化，生活也跟着变了样子。她想开了，对生活、对家人不再有过高的要求，宽容自己、宽容家人，她的内心平静下来，不再烦躁和不安，不再把自己的不良情绪转嫁给他人。她与周围的关系都变得融洽和谐，丈夫的固执、儿子的顽皮、甚至新领导对她的批评，这些原本无法容忍的事情，都能心平气和地接受。

心灵感悟

车尔尼雪夫斯基："既然太阳上也有黑点，人世间的事情就不可能没有缺陷。"

章节思考

1. 你是一个对自己要求过高的人吗？主要表现在哪些方面？怎样加以改进？

2. 一个人过于注重细节，会影响整体目标的实现。你是怎样处理细节与目标之间的关系的？

06

不要低估自己的能力

乐观主义者之所以比悲观主义者对逆境的应对更为有效，是由于他们比悲观主义者使用了更加积极、更加直接的应对措施，而悲观主义者只专注于事情的坏结果，忘记了采取行动。

受害型亚人格的特征

　　面对不如意的生活环境，有的人不是设法去改变现状，而是在千方百计地寻找各种理由为自己推脱责任。"我目前的处境非常不好，一定是我这个人哪里出现问题。""我天生就无能，是一个无用的人，什么事情都做不好，不想再折腾了。"当他们看到别人做得比自己好的时候，就在心里反驳自己："我这么差，怎么能跟他们相提并论呢。"他们情绪低沉、自怨自艾，从来没想到可以靠自己的努力来改变生活现状。

　　刘莉出生在一个小县城，大学毕业之后，她不想再回老家，就留在上大学的这座城市。她所学的专业不好找工作，因此她选择进入一家房地产开发公司，当上了一名售楼员。她很快就发现这个工作并不如想象的那样简单好干。那些同事的学历并不低，比自己更有专业知识，说起话来头头是道，可自己有时会被客人问得答不上话来。所以，她事事不敢抢先，凡有客户来，只要有其他销售人员在场，她不敢主动上前搭话，担心被客人瞧不起。有两次本来是她联系的客户，生意已经谈得差不多，却被别的销售员抢走了。她虽然很气愤，可是见人家入职早，在公司里根基很深，自己初来乍到，因此不敢与人争辩，生怕得罪他们。几个月下来，她的业绩很差，不但没有挣到多少钱，还受到了领导的批评。

　　刘莉很悲观，眼前一片黑暗，看不到一点光明。她觉得自己很无能，待在这座城市里不会有什么前途，生活一点意思没有。在这座城市里还有一些她大学时的同学，几次聚会大家邀请她参加，她都借故推辞。那些同学现在全部成双入对，只有自己还是单身，她没有脸面站在他们中间说笑。其实，她并不是没有机会，刚毕业时，有一个男同学追求她，她当时很高兴，也很意外。那个男同学的家就在这座城市，条件据说还不错。但她的情绪很快就跌落下来。她自愧自己各个方面条件都不如人家，担心与这个同学相处不会有好结果，最后还是拒绝了。她待在这座城市不到一年时间便辞掉工作，有人给她介绍新工作，她也不去，她认为自己很无能。她回到家乡，她的家乡很落后，难以找到适合她的工作，因此她就一直待在家里。父母见她总是郁郁寡欢，就托亲朋帮助她介绍了一个对象。她开始并不同意这门亲事，可架不住家人一再劝说。她看不清自己还有什么前途，就横下心，嫁了人。刘莉嫁人之后没有再出去工作，生完孩子就待在家里带孩子。她心情一直不好，患上了产后抑郁症，治疗了很长时间才有所好转。

刘莉的妹妹刘兰比她小两岁，长得很胖，大家都叫她胖丫，她没有刘莉学习成绩好，没有考上大学，只读了一个中专，然后在县城打零工。

胖丫的性格比姐姐好，每天总是笑呵呵的，从来不知道发愁。她发现城里人注重养生，就在县城开了一个绿色食品店，专门经营农村无公害的农副产品。可是，生意并不好，干了一年不但没有挣钱，还亏了不少。父母劝她，我们这个县城本来就小，人家买这些东西会直接到乡下去买，怎么会到你这个小店来呢？还是别瞎折腾了，要是在家里闲不住就出去打工，多少有些收入。胖丫并没有灰心，反倒是父母的话提醒了她。她对父母说："县城人不来买我的货，不是我能力不行，是市场不够大，我可以主动去开发市场，我干脆把生意做到大城市里去。"她果真在刘莉念大学的那座城市租了一间门面，继续经销她的无公害农副产品。城里人很认可胖丫的货，一传十，十传百，大家都来购买。胖丫没想到这回居然成功了，更来劲了，决心把买卖做大。她从县城招来几个好朋友一起干。两年下来，不仅在城里买了一套住房，还交上一个条件非常不错的男朋友，他们情投意合，恩恩爱爱，生活得很幸福。

心理知识

多年从事治疗焦虑症的美国专家艾德蒙·伯恩认为，像刘莉这样类型的人属于焦虑的自居受害型亚人格。这种类型的人格制造焦虑的方式是自己觉得自己已经无可救药，即使努力也毫无进展。自居受害型亚人格是导致抑郁的一个重要原因，这种人格的人会认为自己一定是什么地方有问题，在某些方面能力不足、有缺陷或者无价值。他们总认为，在当前的处境和目标之间，存在着无法逾越的障碍。这类人格最大的特点在于其总是感叹、抱怨和懊悔当下的处境，并认为这种处境永远不会发生变化。他们最常见的表述是："我不行，我是永远不可能做到的。"故事中的刘莉就是这样一个人。别人给她介绍新的工作她不去，她说她不行，什么样的工作都做不好。有男同学追求她，她不敢与人交朋友，她在潜意识里认为自己不配，男方条件比自己条件好，跟他交往不会有好结果。她不思进取，不求改变，认为任何努力都是徒劳无益的。

心理学家研究发现，乐观主义者之所以比悲观主义者应对逆境的方式更为有效，是由于他们比悲观主义者使用了更加积极、更加直接的应对措施，而悲观主义者只专注事情的坏结果，忘记了采取行动。比如，两个人一起自驾旅行，他们的汽车同时陷入淤泥中，乐观主义者相信一定能走出困境，因此专心致志地寻找解决办法，而悲观主义者首先想到的是，车陷得这么深，天马上要黑下来，在这荒郊野外，再遇到野兽可怎么办？他不停地在发愁，耽误了自救的机会和时间，怎么可能会有好的结果？

改变消极的思维方式

悲观主义者的思维模式从来都是从消极方面去想，在局面稍微复杂一些的时候，他们便把这种消极暗示加以扩大：

"我已经精疲力尽，快完蛋了！"

"我不能再逞强了。我就是这个命。"

"如果再失败怎么办？"

"如果做得没有别人好，让大家笑话怎么办？"

"如果我遭到拒绝怎么办？"

这样暗示的结果只能是越来越消极，越来越焦虑。

故事中的刘莉就是这样，她果真没有改变现状，过上幸福生活的能力吗？不，她年轻、精力充沛、有文化，完全可以靠自己的努力过上幸福生活，是她的思维方式出现了问题。她看问题总是只看消极的一方，从不去看积极的一方，所以她觉得自己无力、无望、无法做到。她的悲观情绪放大了自己的短处和不足，在心理上觉得处处愧不如人，所以不敢再去找工作、再做任何努力。她将自己置身于一片漆黑当中，看不到一点希望，这样的生活怎么可能快乐？

转变消极的思维方式，就是相信自己的能力。遇事当先从积极方面去思考，这样可以克服焦虑，增强信心，采取的行动更为有效，进而增加成功的概率。

用积极对话战胜消极对话

当自己出现消极想法的时候，多想一想自己的长处和取得的成绩，从相反的方面来激励自己。

消极想法："我不行，我已经有过一次失败经历，再做还是做不好，可别再瞎折腾了。"

积极想法："我应该再试一试。上一次虽然做得不是很好，并不意味着我下次还做不好。有了上次教训，知道问题出在哪里，这次我一定做得更好。""瞧，我现在已经有很大进步，只要再努力一下就成功了。"

消极想法："这次面试我不想参加，应聘的人太多，条件要求又那么高，我面试时会紧张，不会有好结果。"

积极想法："这次面试我一定要参加。我不参加面试怎么会成功？我为什么要紧张？我完全没有必要紧张。别人能做到的，我也一定可以做到。""我可能会有一点小紧张，相信大家会理解我。""我经历多了就不会再紧张了。"

故事中的刘莉的妹妹刘兰便是一个化消极为积极的例子。如果刘兰听信父母劝告，对自己产生怀疑："爸妈说得对，我不会成功。我真的不是干这行的料，还是算了吧。"那么就不会有后来的成功。反倒是父母的话提醒了她："生意没有做好，并不是我能力不行，而是市场不好，我可以主动地去开发市场。"她在这个念头的鼓励下，把生意做到大城市，最后取得了成功。

积极的心理暗示是在给自己加油。人生如同一场漫长的旅行，旅途中很少有顺风顺水的平坦大路，多数是些曲折、坎坷不平的道路。我们在崎岖山道上行走，在泥泞沼泽中跋涉，人与人之间固然需要小心搀扶、相互呵护，但更为重要的是要不断地给自己加油，靠自己的信心和勇气走出困境。

给自己一个希望

　　人生活在希望之中。富兰克林说："希望是生命的源泉，失去它，生命就会枯萎。"悲观主义者对自己不抱有什么希望，他们得过且过，对自己想得到的东西总是含糊不清，一会儿想要这个，一会儿又否定自己，又想要那个。本来想好去做一件事情，刚刚开始又放弃了。他们总是变来变去，常常半途而废，很难坚持下去。结果不但一事无成，还使自己丧失信心，把责任归结到自己的能力上面，以为是自己不行。

　　改变态度的方法是让自己有所期望，给自己树立一个目标，然后扎扎实实地做下去。如果你觉得这个目标太大，很难坚持，可以先给自己树立一个小目标，先从小事情开始，让自己看到小目标的顺利实现。有了小成就，信心就会增强，同时对自己要做的事情也就产生了兴趣，便会主动去做，逐渐越来越成功，自信心和持续力越来越强。

心灵感悟

叔本华："一个悲观的人把所有快乐都看成不快乐，好比美酒倒入充满胆汁的口中也会变苦一样。生命的幸福与困厄，不在降临的事情本身是苦是乐，而是要看我们如何面对这些事情。"

章节思考

1. 你是一个悲观的人还是一个乐观的人？

2. 当你决定做一件事情但是却把握不准时，可以把你的有利条件和不利条件写在一张纸上，逐条分析；同时也可以把你的消极想法写下来，然后尝试着一条一条地加以反驳。

07

不要自己吓唬自己

一个人负面东西想得越多，浮想联翩，越想越复杂，情绪越是容易焦虑不安，越是会看不到前途和希望，就会像那个杞人一样郁郁寡欢。

你忧虑的事情不会发生

向女士是一个爱胡思乱想的人。这天，她坐在家里看报纸，无意间看到一则新闻：某高速公路发生一起车祸，一辆大货车与几辆私家车相撞，伤亡严重，场面惨烈。她忽然联想到，她的丈夫正在开车往某地出差途中，她立即将那个车祸的惨烈场面与丈夫联系在一起，然后在脑海中不断放大。她的脑子"嗡"地一下，顿时天旋地转。不过，这时她还算比较冷静，心知自己有爱胡思乱想的毛病，便开始安慰自己：我丈夫性格稳重，开车技术也不错，不会发生什么事，不要胡思乱想。可是，这个阴影始终笼罩着她挥之不去。她又转念一想：高速公路上车那么多，你小心，别人会不会也那么小心？现在开车的人什么样的都有，你不撞人家，能保证人家不撞你吗？天哪，如果发生那样的事情可怎么办？她控制不住自己，要给丈夫打电话，又担心会分散丈夫开车的注意力。她忐忑不安，勉强忍耐一会儿，最后实在忍耐不住，拨通丈夫的手机。可是她丈夫没有接听她的电话。她的焦虑症发作了，开始呕吐，频繁地拨打丈夫电话。最后，终于等来了丈夫给她回电，心才安定下来。原来丈夫那时正在高速公路服务区，上卫生间时手机放在车里，没有带在身上。

现实生活中像向女士这样的人不少，他们不是担心这个就是担心那个，心中总是保持高度警惕，时刻注意着每一个微小麻烦的征兆，把一些原本互不相干事情联系到一起，然后得出一个吓唬自己的结论。他们每天生活在焦虑和忧心忡忡之中，日子岂能过得安稳？比如，相传某大师曾预言，地球将在某一天毁灭。有一人听信了这个荒唐预言，惶惶不可终日，寝食不安。他什么事情也做不下去，觉得再做任何事情都是徒劳，存钱有什么用途？地球一旦毁灭，一切都将化为乌有。现在是过一天少一天，赶快将所有财物拿来享受吧。于是，他开始醉生梦死。结果，到了谣传的那一天，地球并没有毁灭，仍旧在正常运转，这时，他才明白这只是个谣言。

心理知识

美国艾德蒙·伯恩博士把这种导致焦虑的性格称为"杞人忧天"型亚人格，通过想象最坏的情况来制造焦虑。当你面对一个令人担心的场景时，那些灾难性的画面会立即浮现在你的脑海中，让你惊慌失措，恐惧不已，一下子便想到这件事情的最坏结果。实际上这些结果是不可能发生的，或者发生的概率极小。

"杞人忧天"型人格的人不但十分固执，而且非常敏感，他们会把任何一个微小的信息与自己的胡思乱想联系到一起，来证实自己的判断。比如，一个人听到一个让人不安的消息，他有了自己的判断，认为马上就要发生什么不好的事情。可别人并不这样认为，说他的判断是错误的，这样的事情根本不可能发生。这人非但不听他人劝告，反而不停地刷手机，在网络上寻找支持者。现在的网络信息量实在是太大，说什么的都有，难免有许多谣传，他以此用来支持自己的想法，增加自己的焦虑。所以，太敏感的人一定不要轻易听信那些没有经过证实的的小道消息。

反驳消极的自我对话

美国艾德蒙·伯恩博士指出："要对付各种亚人格的消极自我对话，最有效的办法就是用积极的、自我支持性的陈述来反驳它。"

当我们面对一个场景，不产生任何想法是不可能的。我们对这个场景的看法决定我们的心情。比如，一个人，星期日来到一家超市购物，结账时发现等待付款的人很多，需要排队，于是这个人开始烦躁起来，心想："我仅仅买这几件食品就需要排这么长的队，太不划算，真让人受不了。算了，我不买了，我得走！"他扔下食品，愤愤地走出超市，结果不但东西没有买成，还惹了一肚子气。在他后面的一个先生的想法恰恰与他相反："哦，今天是星期天，人有些多，需要等一会儿。不过，我不着急，反正也没有什么大事。逛了这么长时间的超市还没有来得及看手机，有谁给我发信息没有？"他掏出手机，悠闲地浏览起来，不知不觉就轮到他付款了。两个人两种想法，两种心境。

"杞人忧天"型的人总是在说："如果再发生这样的事情，我该怎么办？恐怕我的心脏病要发作了。"当他面对遇到的事情产生担忧之后，恐惧就产生了，于是他开始逃避。反复逃避，强化了他的恐惧。不言而喻，那个害怕超市排队付款的人以后很可能会非常抵触去超市。

这位"杞人忧天"型的人的心理变化远远没有结束，他越是担忧这样的事情，越可能产生一些与之相关联的破坏性自我对话："听说前些日子有人在超市排队晕倒了，后来这个人被急救车拉到医院，一检查，得了脑溢血。我会不会发生那样的事情？"他的这种消极想法在脑子里迅速膨胀，并且把它灾难化，将几乎不可能发生，或者发生概率极其微小的事情想象得马上就要发生，且结局将不可收拾。其实，这些人的想法往往严重低估了自身的应对能力，他们担忧的都是些微不足道的小事，其实自己完全有能力应对。

我们不能让消极想法占据自己的脑海，搅乱我们的正常生活。我们可以用积极的对话来否定消极的对话，让心里安静下来。

质疑和反驳陈述的自我对话方法如下：

"杞人忧天"型人最常用的表述方式是："如果……那该怎么办？""如果我再遇到这样的事情，我会挺不住。""如果这件事情发生在我身上，我一天都活不下去。"

一个小女孩才上小学三年级，在一次数学考试中没有考好，她的妈妈一下子想到这件事的最坏结局——孩子的将来。"我的孩子现在才上小学学习就这么差，到初中怎么办？到高中又怎么办？这个样子能考上大学吗？考不上大学，她还有什么出路？我的天呐，我可受不了了。"

质疑："这不过是一次小小的考试，孩子一生要经过多少次考试，一次考试能说明什么问题？"

反驳陈述："小孩子就是在不断犯错误、不断改正错误的过程中成长起来的，有一点点错误能说明她将来很差吗？"

再回到超市排队的那个人，质疑："排队晕倒的概率有多大？有几个人在排队时心脏病发作？既然有人晕倒、心脏病发作，为什么排队的人还那么多？他们都能忍受，我为什么受不了？"

反驳陈述："排队时晕倒或心脏病发作只是个例，是这个人身体素质差，或有基础病，比如血压高、冠心病等。我再遇到这种情况也没有什么了不起的。人多一些不会乱到哪里去。不可能影响到我的心脏。这不过是小事一桩，没有那么严重。周围所有人都能承受，我为什么承受不了？不要自己吓唬自己，给自己找不痛快。"

反驳消极的自我对话的方法

存在我们头脑里的消极的自我对话是由一系列自我限制的心理习惯累积而成的，有些由来已久、根深蒂固，需要反复练习才能消除。你可以准备一张纸，制成表格，将每一条消极陈述写下来，相应地逐一写下你的反驳陈述。

每天花费几分钟时间，慢慢地诵读一遍所有的反驳陈述，至少坚持两个星期。在读的过程中体验反驳陈述的效果。

多复印几张反驳陈述，把它们贴在显眼的地方，每天花点时间仔细阅读它们。

用手机录音录下所有反驳陈述，每两条之间留出大约 5 秒的间隔，这样你就有时间去理解播放时听到的内容。如果你处在放松的状态下就更容易接受他们。

通过这样的练习，可以帮助你把正确的信念整合到你的潜意识中。

将你担忧的事情暴露出来

如果你担忧的事情心理排解不了，千万不要把它们隐藏在心中，你可以把你所担忧的事情讲给朋友和亲人，认真听听他们的意见和想法，这时，你的态度很重要。古时，杞国有人担心天要塌下来，惶惶不可终日。他的朋友过来开导他，给他讲了许多道理，告诉他天是不可能塌陷的。杞人后来想通了，放下心来。这个故事后来又演变出另一个版本：杞人没有听从朋友劝说，固执己见，结果郁郁而死。

心灵感悟

谚语：天下本无事，庸人自扰之。

章节思考

1. 想一想：自己爱胡思乱想的原因是什么？是因为受过挫折还是其他什么原因？

2. 经常将你担忧的事情记在一个本子上，过一段时间后，再将你担忧的几件事情放在一起分析，从中找出规律性的问题，并加以解决。

08

你的想法决定你的命运

我们生活中遇到的各种各样的问题和困难，总是要解决的，怎样解决、解决得好不好，取决于你的想法和态度。

你不是世界上最糟糕的人

宋春丽在自己还很小的时候父母就离异了，母亲后来改嫁给一个脾气非常暴躁的男子。母亲很受气，事事说了不算，那个家庭容不下宋春丽，她只能跟着父亲生活。宋春丽的父亲是个酒鬼，每天什么事情都不干，就知道酗酒，然后到街头寻衅滋事，从来不管她。宋春丽小小的年纪不但要照顾自己，还要给父亲做饭、洗衣服，照料他的生活。后来，父亲因酒精中毒死了，她成了流浪儿，居无定所，在这儿住几天到那儿住几天。她没有读几年书就辍学了，找不到合适的工作，只得到处打零工度日。她很自卑，十分羡慕那些和自己同龄的人——他们的命运真好，生活得那样幸福、快乐。她把自己的希望寄托在来世，老天爷亏待我一次，来世一定会有个好日子。她几次想自杀结束自己不幸的生命，可是又没有勇气，只好委屈地活着。

后来，好心的邻居把她介绍给炼钢厂工人小郭。小郭人很善良，也很能吃苦，和宋春丽结婚后处处关心她，还帮她做家务，他们很快有了一个可爱的女儿，一家人生活过得平静而快乐。宋春丽觉得自己真的时来运转，从此可以过上好日子。可是，天有不测风云，丈夫在一次事故中伤了一条腿，无法工作。宋春丽要在家里照顾丈夫，不能外出工作，家里收入骤然减少，生活陷入困境。这时，女儿又患上小儿肺炎住进医院，把家里所有的钱都花光了，还借了一些债。宋春丽一筹莫展，也病倒了。宋春丽认为自己是世界上倒霉透顶的女人，天下所有的倒霉、不幸的事情都让她一个人摊上了，她觉得自己很无能，改变不了命运，看不到希望，有了轻生的念头。

宋春丽的生活确实不够顺利，连连遭受不幸打击。其实，世界上除偶有天降好运外，很多事情都难以预料，许多人都像宋春丽一样，常常需要面对突如其来的打击。即使是这样，难道宋春丽就是世界上命运最糟糕的人吗？显然不是，比她生活困难的人比比皆是。这些人活得怎么样，是不是也都像宋春丽一样每日愁眉苦脸、郁郁寡欢？也不尽然，许多比宋春丽还要不幸的人，他们并没有把自己形容得一无是处，他们生活得很快乐。正是由于这些人的不悲观、不自贱、不自责，才能很快改变自身处境。

心理知识

心理学家指出，忧郁人格者总是把矛头对准自己，贬低自己，充当批判自己的角色。他们只要有不如意，就会指出自己的缺点和不足，一犯错误，就会跳出来提醒自己是个失败者。

美国艾德蒙·伯恩博士把宋春丽这种人格称为妄加批判型人格。这种性格的人通过贬低自己来制造焦虑，让自己觉得自己什么都会做错，什么都做不好，别人就是比自己优秀。

像宋春丽这种人格的人往往会忽略自己的长处，夸大自己的短处，过分地强调自己的弱点和缺陷。他们常常自责："我怎么这样蠢？""我怎么这么笨？""我怎么这样无能？"。让你觉得他非常可怜、很无奈，没有能力做得更好，只能如此。这种自怨自艾、自我贬低的想法，非但不能改变现状，还会让人觉得没有未来，从而更加萎靡不振、焦虑不安。

用正确的信念反驳错误信念

美国心理学大师阿尔伯特·埃利斯指出，焦虑、怀疑和不确定都是人类生存环境中的一部分。你的焦虑心理源于一种生物因素，其中包括许多先天性倾向。你所居住的环境，你周围的人们和事物，这些都会激发或阻碍你产生焦虑心理。不幸的是，在这两大容易导致潜在焦虑心理的重要因素面前，你束手无策。幸运的是，你可以改变一些关键性的事情——适度的担忧和积极的担忧或焦虑产生的影响相差很大。埃利斯指出，你是如何思考的，你就会有怎样的感受，你就会作出怎样的行为。你自己很重要，你自身在很大程度上影响着焦虑的产生，你自身决定着你会产生一种健康或不健康的心理。

我们来看一看故事中宋春丽的丈夫小郭面对同样的生活环境是怎样的想法？

宋春丽的丈夫小郭看到宋春丽悲观失望的样子很心疼，便劝她说："春丽，日子不管是顺还是不顺，我们都要坚强地过下去。天无绝人之路，办法总会有的，我们只要挺过最艰难的一段，日子就会一点点好起来。"

"我有一个主意，你做的馄饨很好吃，咱们不如在街上摆个馄饨摊，总会有些收入，可以帮助我们度过这个困难时期。我现在虽然走路不方便，还可以帮你做一些事情，比如，坐着包馄饨、收钱等。你看好不好？"

宋春丽听丈夫说这话，连连摇头说："我做的馄饨只有你觉得好吃，怎么知道别人也喜欢吃呢？咱可别异想天开了，再往里面赔钱，日子更没有办法过了。"

她丈夫说："这个本钱不是很大，我们可以试一试。不试你怎么能知道一定不行呢。"

宋春丽经过丈夫的一再劝说，在社区居委会帮助下，在街头摆起一个临时小吃摊。她的丈夫帮助她卖馄饨。这儿离十字路口很近，早晨上班、上学、来来往往的人很多，大家急着赶时间，就到这儿吃上一碗馄饨，吃两个烧饼，把早餐问题解决了。大家都说宋春丽的馄饨好吃，从此一传十，十传百，生意越来越火。

过了一段时间，宋春丽的丈夫腿好得差不多了，他们就在附近租下一间房子，开起一个小饭店，又增添一些菜品，坚持下来。顾客越来越多，两口子忙不过来，又雇了两名服务员。

宋春丽的心情随之好起来。她现在的想法与以前大不一样。她觉得老天爷还算公平，虽然给她带来厄运，却也锻炼了她的生活能力，以后再遇到什么挫折都不害怕了。

宋春丽之前在挫折面前产生的是自我贬低的态度：

"我就是这个命。"

"我就是一个倒霉鬼。"

"我再怎样努力都无济于事，应该认这个命。"

宋春丽的丈夫态度是积极的，尽管他对家里目前的困境也十分担忧，可他懂得去设法改变，用积极的信念反驳宋春丽消极的信念：

"日子不管是顺还是不顺，都要坚强地过下去。"

"我们遇到的困难只是暂时的。"

"天无绝人之路，办法总会有的。我们只要挺过最艰难的一段，日子就会一点点好起来。"

"我们可以试一试。不试，你怎么能知道一定不行呢。"

宋春丽在丈夫的启发和帮助下，不断地用正确的信念，战胜错误的信念，走出困境。

同样，假如我们一次考试没有考好，一次工作出现失误，生活遇到暂时的困难，都不是世界末日。只要我们保持积极的理念，从中吸取教训，下一次就会做得更好。

增强幽默感

一个人的人生态度是积极乐观还是消极悲观，决定了他的命运。

两个旅行者走饿了，二人同时拿出各自身上仅有的一块面包，一个人兴高采烈地说："真不错，还有一块面包，我不会饿死。"而另一个人却忧心忡忡地想："唉，我只剩一块面包，以后的日子该怎么过呢？"一样的事情，两种态度，两种心情，谁活得更愉快，显而易见。忙碌一天，晚上躺在床上，闭上眼睛想一想，这一天过得还不错，可以睡个好觉、做个好梦。倘若一闭上眼睛就想到，这一天尽是烦心事，不但休息不好，第二天也无精打采。若一个人遭遇不幸，总是想着自己是如何倒霉，事情本来不应该这样，那这样只会越想越痛苦；若想着我真幸运，事情本来可能比现在还要糟糕，心情就会轻松一些。有人说，生活像一面镜子，你对它笑，它就对你笑；你对它哭，它也对你哭。

一个人遇到不如意的事，往好处想，并不是自己故意欺骗自己，道理在于凡事都在发展变化之中，可以向好的方面变化，也可以向坏的方面变化。保持良好的心态，采取积极的行动，可以改变现状，促使事情向着好的方向发展。总想到负面的东西就会产生严重的焦虑，越想越看不到前途，当然就不会有好结果。

幽默属于积极的心理防御机制。擅长幽默的人，在逆境面前表现得更加积极和主动。心理学大师阿尔伯特·埃利斯指出，正如理性情绪行为疗法所强调的一样，让你感到苦不堪言的不是你做了什么，而是你对不愉快事件的看法。如果你采用一种悲观的、过于严肃的观点来看待这个问题，你就会变得焦虑和抑郁。如果你采用一种幽默的观点来看待这种不愉快事件，你也许会感到轻松愉快，还会因此乐在其中。幽默可以主动调整自己的情绪，减轻由挫折和失败带来的焦虑和痛苦，使心理上很快恢复平静，从而能够更加主动地应对困难，减轻身体上的不适。一位将军在战场上丢掉一条腿，他的卫兵伤心得痛哭流涕，将军解嘲地说："你哭什么？少一条腿，我擦皮鞋时候可以省些力气。"他这样说，卫兵的心里就好受一些。再比如，当你与他人关系遭遇尴尬境地时，一本正经地解决要花费很大的气力，效果却未必好，也许一句幽默的笑话就可以化解矛盾。

你可以将不幸当作大学

你遭受到的挫折和厄运对于你来说是不是一场灾难，就看你怎样想。

别林斯基说:"不幸是一所大学。"当然,这只是一种比喻,必须得到你的认可才成立;如果你不认可它是你学习和成长的一所大学,那么不幸对于你来说就是灾难。

如果你认同别林斯基这句话,把生活中的每一道坎坷和每一次挫折都当作学校中的一门课程,那么这些课程将会成为你人生成长中必不可少的学习和磨练,同时,你的课程完成得越好,越可以培养你的性格、锻炼你的意志、提升你的勇气、增强你的耐力、丰富你的阅历。当你总结你的人生经验和教训时,你将变得深刻而睿智,更懂得人生的价值,从而有能力去战胜更大的困难。孟子说:"天将降大任于斯人也,必先苦其心志,劳其筋骨,饿其体肤,空乏其身,行拂乱其所为,所以动心忍性,增益其所不能。"这句话可以理解为:这所大学的课程越是艰深,你完成得越好,你越能担当大任。所以,那些生活境遇很好的人,他们有优裕的生活条件,衣食无忧,却往往以磨难来锻炼自己,就是为了要在这所大学取得优异成绩,迎接更为艰难的挑战。

如果你并不认同这样的观点,而是持相反的态度,你就会心生疑问:"生活对我太不公平,我太倒霉了。为什么偏偏是我要学这些课程,而别人不需要学?"你提出这些疑问无人能完全回答。一个人的生活环境和际遇是多种因素促成的,在很多情况下,个人主观无法挑选和左右。如果你为此愤愤不平,怨天尤人,哀叹自己命运不济,拒绝上这样的大学,不想学习任何一门课程,那么,不幸只能是不幸的。我们在生活中总会遇到各种各样的问题和困难,面临这样和那样的挑战,这是无法回避的,总得要解决。怎样解决、解决得好不好,完全取决于你的想法和态度。

　　应该承认，在不幸这所大学里，学习的过程十分艰难，需要有顽强的毅力和超常的吃苦精神才能学好，有人成功，也有人失败。有一个女大学生，平时学习很好，因为在学校有一课功课没有及格，需要补考，她觉得很丢面子，于是选择了跳楼自杀。还有一个跟她年纪差不多一样大的女孩，因一场车祸，身体从脖子往下都不能动弹，为了生存，她用嘴叼着木棍操作电脑，并学会了用电脑制作动画，还创办了自己的公司，活得很快乐。像后者这样顽强不息的人才是我们学习的榜样。

心灵感悟

诺曼·文森特·皮尔："改变你的思想，你就能改变自己的命运。"

章节思考

1. 你怎样看待自己遭遇的挫折和厄运？

2. 你是一个有幽默感的人吗？如何使自己成为一个有幽默感的人？

09

随遇而安是生存之道

当我们无法找到完全适合自己的环境时，要想生存下来，站得住脚，就应主动去了解环境、熟悉环境，从而让自己爱上新环境，这样学习、工作起来才能心情舒畅。

抱残守缺难以立足

　　金师傅是厂里的一名老车工，活干得非常漂亮，产出的工件都是一等品，从来没有出过残次品。他曾多次获得全市技术比赛的第一名，年年被评为劳动模范。他还有一手绝活，拿到一个小工件，只要用手一摸，用眼一看，便能说出它的直径是多少，上下差不了几毫米。大家称他为"技术大王"，他也引以为傲。可就在这几年，工厂进行设备改造，旧的机床全部淘汰并换上新的数控机床，一切都由计算机来控制，比原来的机床先进多了。金师傅原来的那些优势已经不复存在，只要会操作数控机床的工人都可以干出金师傅那样的活计，甚至比他干得还要漂亮。从此再没有人叫他"技术大王"。金师傅很郁闷，对新机床十分抵触，总是在抱怨数控机床没有原来的机床好，有这样那样的缺点，没有老机床靠得住。厂里安排他参加计算机知识培训，他也不认真学习。最后厂里组织技术考核，他没有及格，被淘汰下来，不能操作新机床，只得去干一些运料、打扫卫生之类的杂活。金师傅无法忍受这样的处境，不久便辞职，去了一个小工厂，在一台破旧不堪的机床上工作，工资和各项待遇远不及原来的单位。原来工厂的同事对此十分不解，以金师傅的文化水平，只要认真学习，很快就可以掌握新技术，可他为什么这样抵触呢？

　　任何时候，都没有专门为我们准备的完全适应我们的舒适工作、学习条件和环境，总有不尽如人意的地方，许多困难需要我们自己去克服。当我们无法找到完全适合自己的环境时，要想生存下来，站得住脚，就应主动去了解环境、熟悉环境，从而让自己尽快地爱上新环境，这样学习、工作起来才会心情舒畅。如果一开始就对新环境抱有防御和抵触心理，看什么都不顺眼，都不如原来的环境，觉得任何人对自己都怀有敌意，那么这样就无法融入新集体，无法在新环境中立足和生存。金师傅原来因为技术精湛，被大家誉为"技术大王"，但随着时代发展、技术进步，他所掌握的这门技术落后了，就不再是什么"大王"，只有虚心做学生，重新学习新技术，才能跟上时代的发展，否则只有被淘汰。难道这样浅显的道理金师傅不懂吗？让人不解的是，他为什么死守着原来设备不放，不求变化了？

和谁都处不来是病

小张和小许是同一所大学同一个专业的同学，并在同一年毕业，应聘到同一家公司工作。小张为人随和，很快便适应了公司的环境，融入集体之中，工作、生活得很愉快。可小许敏感多疑，入职很长时间也无法适应公司环境。他总是在抱怨公司里的人对他不友好，看不起他；抱怨公司领导对他不重视，分配给他的都是些费力不讨好的工作。他除了工作之外，不愿参加公司的一切业余活动，不愿意与同事们交往。有一次，部门组织员工郊游，在大巴车上，为了活跃气氛，组织者开展歌咏比赛，有人提议让小许唱一首歌。大家觉得小许平时说话声音清脆，唱歌一定很好听，便鼓掌欢迎，让小许来一首。其实，小许平时最不愿意唱歌，因为他唱歌常常跑调。他觉得那个提议的人是有意在出他的洋相，无论大家怎样劝他，他都不吭声，搞得大家很尴尬，渐渐与他疏远了。

　　小许常常没有缘由地生气，经常失眠，吃不好饭，工作时无精打采，无法做到精神集中。工作不到一年就辞职不干了。之后，接连找几份工作都没有坚持下去，从此自暴自弃，索性不再去找工作，待在家里靠父母养活过日子。

心理知识

强迫人格的人希望一切永远保持原状，只有这样他们才能安心。一丝一毫的变化都会干扰他们的生活，令其感到害怕，坐卧不安。金师傅离开原来的设备，失去了"技术大王"的称号，感到非常失落。他不能容忍这种变化，要出面阻拦，阻拦不了就诋毁新设备这儿不好、那儿不好。他的培训考试成绩不及格不是因为他没有学习能力，而是因为他内心抵触学习。可是，他这样做有什么用处呢？新的东西必定要替代旧的东西，他无力阻止这种变化又心中不甘，只得辞去工作，去寻找有旧设备的地方。尽管那个地方的待遇很低，可他觉得在那里是安全的，心理上能得到平衡。他心甘情愿如此。

生活中，我们到处可以看到金师傅的影子。这些人本来有许多机会可以去挑战新的领域，而且心中也清楚，新的事物一定有前途，可是，心理上却有诸多的不适，想来想去，总觉得熟悉的是最安全的。抱残守缺，不想改变现存的一切。机会在自己面前一次次溜掉，当熟悉的人在新领域作出成绩时心中又开始后悔、焦虑、不服气，这怨不得别人。

小许的情况比金师傅更为严重。金师傅是因自己的工作环境发生了变化引发不适，而小许则是适应能力出现问题，或者说他有严重的适应性心理障碍。

适应性心理障碍，主要是对陌生环境或陌生工作引发的一种抵抗和不适应情绪，严重者可出现失眠健忘、旷工旷课，或是不愿意、拒绝与他人接触，回避社会交往等自闭行为。

由于小许固守这样的想法，敏感多疑，总是抱怨别人对他不友好，看不起他；抱怨领导对他不重视，分配给他的都是些费力不讨好的工作。他不愿参加公司的一切业余活动，不愿意与同事们交往。同事请他唱一首歌，本来是好心，他却认为是有意让他出洋相，有意羞辱他。小许的不适看似是人际关系不适，实质是心理上的恐惧，害怕与人打交道、害怕与人相处。他觉得与任何人在一起都会受到伤害。他喜欢围着自我的小圈子自转，把自己过度地隐藏起来。最终小许走上自暴自弃的道路，待在家里靠父母养活。可是，人怎么可以离群索居呢？人与人一旦失去来往，就会带来更大的问题。像小许到了这种状态，应该尽快去就医，在医生指导下及时治疗。有轻微这种倾向的人需要注意，要及时进行自我调整和自我疏导，加以纠正。

改变消极的心理防御机制

抱残守缺，不求变化，稍有变化便焦虑不安，这是一种消极的心理防御机制，严重影响日常生活和个人发展。世界是变化的，我们的生活中有太多的变量，没有什么是一成不变的。应变能力是一个人的基本生存能力，应变能力越强的人生活得越从容。

心理学研究表明，人的心理适应性虽然受遗传等先天因素的影响，但更主要的还是通过后天学习、锻炼得来的。一个经常变换工作岗位的人，会遇到各种各样的问题和困难，他们会比几十年只在一个岗位上工作的人应变能力更强。任何人来到一个陌生的环境、接触一项新工作，都需要一个适应过程，适应时间的长短主要取决于自己的调整能力。调整能力强的人会很快适应环境，调整能力差的人则需要很长一段时间。

在困难面前，不要总是暗示自己："这里的环境太糟糕了，我无法适应。我一天都待不下去。"或者把一点小困难无限放大，把未来想象得暗无天日，一塌糊涂。"现在这个样子真是无法忍受，我要在这里工作几年、几十年，甚至一辈子，以后的日子可怎么过呢？"这种泄气的消极心理暗示只能使自己更加焦虑。

要相信自己有能力，完全可以适应新的工作和学习环境。在心中积极地暗示自己，"我现在对这个环境虽然有些陌生，但这只是暂时的，熟悉一段时间就好了。""这点小困难算不了什么，我能够克服。""看看那些在这里工作多年的老同事，他们工作、生活得那样快乐，我为什么就不能适应呢？"

在脑子里回放一下自己刚走上工作岗位时是什么样子。如果是刚上大学，就想一想自己刚上高中时是什么样子。那时，所有人都是互不认识，全是生面孔，对于新岗位、新知识更是一天没有接触过，这一路走来不也是适应得很好吗？人如果这样想，心情就会变得豁然开朗，有信心了。

对新环境报以热情

一个人面对陌生的新环境，心情难免有些紧张和焦虑，容易产生消极的信念："这可是个新环境，人生地不熟，谁知道我周围都是些什么人？""听说这里的人很难相处，处处给外来人设置障碍，我一定要多加小心。"如果心存戒备，处处多加小心，把自己深深隐藏起来，那么将不利于自己快速融入新的集体当中。

放松心态，在心中暗示自己："我一定会和新同事、新同学和睦相处。即使暂时不熟悉也不要紧，用不了多久，我们就会熟悉起来。""我应该敞开胸怀，用真情实意去与周围人沟通。让他们了解自己，自己也了解他们。""他人对自己不够了解，有些误解也没什么要紧的，不要心烦气躁，要有耐心，给大家了解自己的时间和机会。相信很快就会消除隔阂，彼此熟悉起来。"

提高自身工作和学习能力

一个人要在新环境中立足要具备两方面条件：一是要有良好的人际关系；二是具备本岗位需要的技术和能力，如果是学生就要具备相应的学习能力。没有良好的人际关系，同事间、上下级间不和睦，工作起来不会舒心；没有适应本岗位的能力和技术，就无法长久立足，二者缺一不可。心中要清楚，你的主要问题是学习跟不上进度、业务技术不熟练、跟不上大家的节奏，还是人际关系出现了问题？只有弄清原因才好对症下药。尽快熟悉本岗位工作技能，提高学习成绩，对学习和工作产生兴趣，才能让自己尽快爱上新工作，爱上学习。

寻求家人和朋友的帮助

家人的支持和鼓励非常重要。心里有什么解不开的疙瘩就说给家里人，听听他们的想法。尽快在新环境中找到一两个能够聊到一起的朋友、同事和同学，有什么心里话可以向他们说一说，有什么困难、自己不方便的事情可以向他们寻求帮助和支持，使自己尽快地融入集体之中。比如，小刘入职公司没几天，公司便组织春游。小刘觉得，部门里自己一个人也不熟悉，春游中如果没人理他有多尴尬呀。他不想参加，便委托老张给他请假。老张看出他的心思，主动说："我看你还是参加为好。通过活动，可以和大家认识得更快一些。没关系，这一路上我来帮你。"春游中，老张和小刘形影不离，老张主动把小刘介绍给其他同事，举办联欢活动时也不忘鼓励他参与。通过这一次活动，小刘和部门同事很快熟悉起来，见了面有说有笑，不再像以前那样拘谨。小刘这时发觉，他与同事间的关系这个大难题，居然通过一次活动就解决了。

心灵感悟

爱迪生："友谊能增进快乐，减少痛苦；因为它能倍增我们的喜悦，分担我们的烦忧。"

章节思考

1. 你是一个喜欢挑战新领域的人，还是一个愿意墨守成规、安于现状的人？你主要担心什么？

2. 你面对新环境有哪些不适，是怎样解决的？

10
怎样表达你的情感

　　具有焦虑症状的人担心伤及他人，故而倾向于抑制自己的情感，不愿意表达出来。可是，自己的内心情绪得不到释放，憋在心里并不是一个好办法，而且可能会加剧自己的焦虑和恐惧心理。

气大伤身

一条河豚在河中欢快地玩耍，游到一座桥下时，不小心撞到桥墩，桥墩碰疼了它的身体。它非常生气，立即浮出水面，张大嘴巴，怒气冲冲，连肚皮都露在外面，鱼翅也竖了起来，好久不动，非要和桥墩争个高低。这时，一只水鸟飞过来，把它叼走了。河豚在盛怒之时失去理智，非但不检讨自己，还迁怒于桥墩，结果连自身也不注意保护，最终成为水鸟口中的美食。

人在心情好的时候看什么都顺眼，即便别人说几句讽嘲的话也不在乎；情绪不好时周围一切又变得昏暗、不合自己心意，别人本来说的是好心的话也觉得对方是别有用心，是在嘲讽自己。盛怒之下，无法理智认识和分析问题、控制自己的言行，原本是自己的错误也意识不到，往往一时性起，一错再错，最后酿成终生遗憾。

我们生活中不顺心的事情很多，发火、动怒在所难免，特别是当一个人生活遭遇不幸、受到挫折时，情绪更加难以控制，会做出许多匪夷所思的事情。

一个人经常发怒会引发多种疾病，比如高血压、心脏病、失眠、神经衰弱等。生活中因发怒而病倒的现象时有发生，因发怒生病、影响工作和生活的事更是屡见不鲜。俗话说，气大伤身，发怒是健康的大敌，这句话不无道理。气大不但伤身，影响自己的身体健康，而且发怒的人具有很强的破坏性，往往会伤及他人，影响人际关系和家庭和谐。

心理知识

我们从小受到的教育是遇事要冷静、不要发脾气，对待他人要面带微笑、态度和蔼，因此习惯了压抑自己的情感。心理专家指出，具有焦虑症状的人担心伤及他人，倾向于抑制自己的情感，不愿意表达出来。可是，自己的内心情绪得不到释放，憋在心里并不是一个好办法，可能会加剧自己的焦虑和恐惧心理。当自己长时间处于这种情感抑制状态时，会陷入一种濒临发狂和崩溃的非理性状态，长期憋在心里还会抑郁成疾。一个经常压抑自己情感的人，他的生活会变得冷漠、缺乏活力。如果能选择一种合适的办法释放自己的情感，那将是一种非常健康的选择。

当我们受到不公正待遇、受到意外伤害时，愤怒是我们反抗的一种方式。愤怒地表达我们对事情的态度，可驱使我们作出必要的改变，远离那些伤害我们的人。从这个角度看，发怒具有积极的意义。这也告诉我们，当你高兴的时候你就笑出来，当你悲伤的时候，想哭就哭出来，当你发怒的时候，也不要压抑自己，尽可能地表达出来。不过你应该讲究表达的方式和方法。

有人说，我这个人脾气非常好，从来不发怒。你不发火并不表示你内心平静，真的不生气，你可能在无意中已经将怒火发泄到他人身上，自己却浑然不知。比如，一个人心中对某人某事不满，他会寻找各种借口，拖延不去做那件事情，或者设法把事情搞砸。一个人在工作单位受到上司的严厉批评，他不敢反驳、顶撞领导，只好忍气吞声，回到家吃饭，挑剔妻子做的菜太咸，唠唠叨叨说许多不满的话。妻子很不解，问他："我做的菜咸吗？你每天吃饭从来不挑菜的咸淡，今天是怎么了？是不是在单位受到领导批评，把气撒到我的身上？"

美国心理学家约瑟夫·布尔戈说："投射是一种心理防御机制，目的是为了让自己摆脱痛苦。"这种防御类型无效且常常具有破坏性，但重要的是它表明投射的人正处在痛苦之中，他被自己的痛苦淹没，试图通过投射给他人的方式摆脱痛苦。这位丈夫平日在妻子眼中是一个随和的丈夫，从来不挑三拣四，可他在压力很大、很痛苦的情况下，不由自主地把自己的苦闷投射给妻子。

所以，当我们自己出现状况的时候，要选择一个合适的表达方式，不要把痛苦投射给他人。当他人出现这种状况时，我们应该体谅一下，他最近是不是遇到什么烦心事，或是压力过大。包容他人，不必斤斤计较。

消除生气的方法

生气是一种情感反应。每个人生气的原因很多，各有不同。比如，身体不适、事情不遂自己的意愿、受到批评指责、被别人误会等，都会引起愤怒、烦躁等不满情绪。这时，应保持冷静态度，主动调节自己的情绪，用适当的方式将自己的情感表达出来，消除不良情绪对自己的影响，而不是将其深藏心底，压抑自己。

■ 释放愤怒

一些人提出，释放愤怒的方法是选择一个无生命对象，比如，用双拳击打枕头、击打沙袋，选择一个没有人的旷野大声喊叫，或者进行重体力劳动等，让内心的不良情绪得到释放。

有专家认为，最合适的办法是选择一项适合自己的体育运动。任何体育运动对缓解紧张情绪都有好处。释放愤怒可以选择中上强度的运动，比如健身操、跑步、登山、羽毛球等自己喜欢的运动。在运动中释放"快乐激素"，把愤怒情绪发泄出来。

■ 交流沟通

因某个人或某件事而心中不满，长期闷在心里，负面情绪会越积越多，会越想越生气，影响你正常的工作和生活。这时，应设法与导致你生气的人进行交流，把自己的情感表达出来，让对方明白是什么事情让你生气和不安，并说出你对这件事情的看法，而不是把它闷在心里。如果你对那个人的怨气和不满积攒了很长时间，那么只有进行交流，你才能得到解脱，才能在心中把这件事情放下来。

当确定要和你的对象进行交流时，首先要确定他是否愿意心甘情愿地倾听你讲述。如果他不想听，或者对你讲的话有抵触，你无法充分表达你的思想，那么就不可能达到交流思想、消除误会的目的。只有对方认真倾听你说的话，你才可以达到目的。所以，第一步你要设法让他听你把话说出来。你需要选择一个合适的交流时机，找一个有利于交流的方式和方法。比如，在聊天的时候，或者一起运动、游玩的时候，在轻松愉快的情况下对方更容易倾听你的话，这样就达到了交流的目的。

在表达自己的思想时一定要尊重对方，避免责怪和挖苦，要让对方感觉到你是针对某一件事情，而不是针对他整个人。如果因一件事情上升到他的整个人品进而攻击他、指责他，那么不但问题得不到解决，还会使矛盾越来越尖锐。

■ 自我暗示

当人遇到不顺心的事情时，内心的想法不同会产生不同效果。如果你在心里抱怨："事情怎么会是这样？""那些人怎么能办这样的事？真是气死我了！""我真是太笨了，居然相信他们的话，活该受骗。"你越是这样想心里越窝火。相反，如果在心里默念："我不能发火，没有什么了不起的，一切都会过去。""这样的事情只是个例，以后不会再发生。"用这些话来暗示自己，可以起到稳定情绪、改善心理和生理状态的作用。

张小胖因为很胖，又有些口吃，常常成为同事们开玩笑的对象。他为此很恼火，曾与一位很要好的同事翻了脸，他俩险些动手。以后那个人虽然不再与他开玩笑，可关系却很僵，两人不像以前那样亲近了。后来，小胖意识到，大家对他并没有恶意，只不过随便开个玩笑而已，他有困难时大家还是很愿意出手帮助的。于是，他转变了想法，有人再拿他开玩笑时他就在心里默念："大家在跟我说着玩，我不能生气。"他这样一想，心里果真舒畅多了。从此，小胖与同事间的关系也更加融洽了。

■ 与人倾诉

当遇到不顺心的事情心情不好时，不要把自己关在屋里生闷气，找朋友和家人谈谈心，把心中的苦恼倾诉出来，释放内心的压力，或者聊聊天，说些高兴的事情，心情就会好起来。过一段时间再回过头看这件事，你可能会说："哦，这件小事情真不值得生气。"

小苏是一家医院的护士。一天，她给一位患者打点滴，当她在患者手背上消完毒，拿起针头准备扎针时，患者将手抽了回去，说："我不让你扎，你这个护士技术太差，上次没有看准血管就往里扎，扎得我满手是血也没有扎进去。"小苏是刚从别的病区调过来的护士，根本没有接触过这位患者，一定是他认错人了。便对患者说："我没有给你扎过针，凭什么说我没有看准血管就扎？"那患者说："你这人技术不好，品德也不好，做过的事情还不承认。我就是不让你扎，赶快换人。"小苏没有办法，只得叫别的同事过来帮忙。小苏无缘无故地被冤枉，觉得很委屈，整天闷闷不乐。回家后，饭也不想吃，一个人坐在沙发上生闷气。丈夫问她原因，小苏便把这件事情说了一遍。丈夫笑着说："你这人心眼太小了，人家就是记错人，值得你生这么大的气？"小苏想想丈夫说得有道理，这气生得太不值得，便破涕为笑，拿起筷子开始吃饭。

■ 转移注意力

把注意力从令人消极的事情上转移出去，做些自己感兴趣的事情，或者去户外散步，看看大自然的风光，或者参加些体育运动，跑步、打球、下棋、听音乐等，这些都有利于改善自己的心情，集中精力工作和学习。程先生脾气很不好，时常因工作上的事情发火，有时发起脾气来领导和同事们很难接受。可是，自从他被调到一个新工段任工长之后，压力比以前大多了，却再也没有见他发过脾气。有朋友私下问他："你现在修炼得真是可以呀，就没有心情不好的时候？"他说："我也不是神，怎么能做到凡事不恼。可是，这是一个新岗位，我就是有再大的压力也不能失态。我的秘诀是，当心情不好的时候，暂时放下工作，静静地听一段音乐，或者到外边走一走、散散心，把自己的情绪调整过来，然后再工作。"

无条件接纳别人

哈尔伯特·埃利斯博士并不同意一些心理学家提出的释放愤怒情绪的方法，他认为大多数方法都没有明显的成效。一些思想和身体放松法，例如冥想、瑜伽，能逐渐放松你的肌肉，会缓解你的愤怒感，不过只是暂时的。这些放松法可能会令你转移愤怒情绪，使你放松下来，然而你内心很可能还会保持这种愤怒观点。当那些苛待你的人故伎重施时，这些观点依旧会扰乱你的内心，使你血压升高、情绪失控。阿尔伯特认为，想要尽量减少你的愤怒情绪，主要的方法就是学习和实践无条件接纳别人这一准则。

无条件接纳别人适用于所有人，包括那些你不喜欢的人和对你、对他人不好的人。简单点来说，无条件接纳别人是只接纳罪人，但不接纳罪行。当人们品行不良、违背道德或对你和其他人苛刻时，你会对他们的思想、情感和言行作出评价。经过初步判断，你会认为他们的这些思想、情感和言行是不当和错误的，但你会极力避免对他们自身作出评价，你不会给他们贴上坏人、恶人或无能者的标签。你会冷静下来，更理智地去思考他们的所作所为，去评判他们的行为是绝对错误还是一时失误造成的。

无条件接纳他人，除了有助于缓解你的愤怒感外，还有助于缓解你的焦虑感。当你因某人而发怒时，你往往会担心：

（1）你对他们那种行为的判断是否正确？

（2）你是否对他们太苛责了？

（3）你的愤怒是否会失控？你是否会做一些非常愚蠢的事情？

（4）让你感到生气的人是不是会反过来对你发脾气？会不会做一些极端的事情来伤害你？

（5）你是不是一个令人讨厌、脾气暴躁的人？是不是因为自己易被激怒，而理应受此非难？

阿尔伯特指出，有时人们会将自我贬低称为"自己惹怒自己"。有时，人们会将愤怒称为"贬低他人"。这两种情绪，在理论上是密不可分的。如果你有这种贬低自己或贬低他人的倾向，最好尽早预防这两种破坏性的情绪。

心灵感悟

富兰克林："处于盛怒之中的人，驾驭的是一匹疯马。"
俗语：退一步海阔天空。

章节思考

1. 你是一个爱发脾气的人吗？经常发火对你有哪些不良影响？

2. 你是用什么办法表达情感、排解内心的不良情绪的？

11

你为什么不敢说"不"

　　在很多时候，我们的意见和想法是正确的，只是顾及别人的看法和议论而不敢表达出来，或不敢付诸行动，从而错过时机，耽误了自己发展，导致挫败感增加，为慢性焦虑和紧张症状埋下种子。

死要面子活受罪

　　小吴是个既好面子又好说话的人，很在乎与班组每一位同事的关系，谁有事都愿意相助。可是，由于他太好说话，不会拒绝人，给他带来许多烦恼。

　　春天到了，万物复苏。公司给各班组一天春游假期，全班人坐在一起商量去哪里玩儿？大家七嘴八舌提了几个地方，很快被否掉了。"听说小青沟不错，你们谁去过？"有人问。小马接话："那得问小吴，他二姨家在那里。"大家把目光聚到小吴脸上。

　　小吴确实去过小青沟，那儿离这儿四十里地，有山有水，很适合春游，可那儿不是他二姨家，是他母亲一个中学同学家，不知小马听谁说的。"其实，那不是我二姨，是我妈的一个……"小吴想解释一下，话说了半句，转念一想，这样解释会是什么结果呢？大家会以为我在有意推脱，是个自私、冷漠的人，便改口说："我可以联系一下，应该没有什么问题。"小吴这样表态后大家很高兴。班长说，春游地点就这样定了，午饭在小吴二姨家吃，费用由大家出。

　　小吴只得向母亲求援。母亲心里很不愿意。很长时间没有跟那个同学联系，不知人家方便不方便。既然儿子好面子答应下来，她必须想办法。小吴母亲特意带着礼物提前从市内去小青沟看望那个同学，以便安排这件事情。

　　春游日子到了，全班组十二名同事全都来了，小吴爸爸、妈妈从市内赶来帮忙、当导游。大家爬山踏青、去河沟摸小鱼，玩得兴高采烈，还吃了一顿丰盛的农家宴，都非常满意。

　　临别时，小吴母亲的同学对大家说："欢迎再来，集体来、一家来，都欢迎，跟小吴说一声就行。"没想到，这样一句客气话给小吴带来了麻烦。转眼"五一"到了，班组里有五六个同事找小吴帮忙，准备假期带家人到小青沟游玩，而且不是安排在同一天。"五一"期间小吴妻弟结婚，他的任务早已确定。再说，那时正是农家种地最忙的时候，怎么可能麻烦人家？可是，如果他把这些话告诉他们，大家会怎么想？小吴陷入深深的焦虑之中。

太在乎他人会丢掉自己

郭晓艳结婚之后，从家乡来到丈夫工作所在的城市，应聘进入了一家公司工作。目前这个工作是她原来做过的工作，干起来得心应手，心中十分满意。刚到新单位上班时，领导找她谈过一次话，对她说："你现在这个部门的底子在我们全公司比较薄弱，我们看过你的简历，你有这方面的经验和一定工作业绩，希望你发挥骨干作用，对工作有什么意见和建议尽管提出来，帮助领导将部门工作业绩提高上去。"郭晓艳听到这些话心里热乎乎的，觉得自己大展身手的时候到了。

郭晓艳工作不到一个月就发现，她所在这个部门的工作与自己原来单位的工作相比有很大差距，不但效率低，还存在很多漏洞，如果采用原单位的一些工作办法，可将工作效率提高一倍以上。她觉得展示自己能力的机会来了，应该在业务会议上指出来，为此，她做了精心的准备。

开业务会的那天，公司分管部门的副总经理也来参加，在会上特意问她有什么要说的没有？郭晓艳张嘴要说，可她看见在座的各位同事都歪着头瞅着她，眼神里充满不屑和轻蔑，有人还咳嗽两声，她又把嘴巴闭上了，然后摇了摇头，表示没有什么话要说。她之所以把话又咽回去，是因为她感觉自己是新来的，与大家不熟悉，没有一个要好的朋友。她在猜想，一旦把话说出口，在座的这些人会怎么看她？这些人表面上也许不会反驳她，但背后会说她轻狂、不知天高地厚，说她说的这套东西在他们这儿根本行不通，结果是自讨没趣。她觉得还是等一等，先站稳脚跟再说，便压下提意见的念头。

郭晓艳所在的部门工作一直没有改进，公司领导很头疼，又招聘进来一个人。这位女同事与郭晓艳年龄相仿，工作年头也差不多。过了一个月，部门召开月会，公司副总又来参加。在会上，轮到大家发言。郭晓艳本想在这次会上将自己藏在心里的话全都说出来，可她还没有开口，那个新来的人就抢先发言，她对部门工作一共提出五条建议，这五条正是郭晓艳所要说的，可是被人家抢先说了出来，她再重复人家的话还有什么意思？那位女同事的发言当即受到公司副总的高度评价和表扬。公司副总要求部门按这人的建议来改进工作。没过多久，那人被提拔为部门副经理，郭晓艳真是后悔极了。

心理知识

心理学家指出，有一种人，他们缺乏独立的自我意识，总是依赖他人生活。他们害怕自己被孤立，担心得不到他人认可，竭尽所能来消除与他人之间的隔阂。他们习惯把帮助别人、满足他人心愿当作自己义不容辞的义务，面对他人提出的各种要求不敢说"不"，即使自己不十分情愿，也会尽力帮忙，牺牲自己，满足他人。这种人的弱点很容易被别有心者所利用。

这些人内心充满预期性焦虑，担心丢了面子会丢掉一切，本来自己不愿意做、没有能力去做的事情，为了面子还得违心地去做。

过度关注他人认可，常常源于内在的缺陷感和无价值感。这种人常有的错误信念是：我不这样做，他们不会接受我，我就可能是一个不受欢迎的人。郭晓艳觉得随大流可以免遭非议，使自己能够在团体中站稳脚跟。可是，她一旦这样想，就必须刻意地压制自己，迫使自己违心地放弃主见，从而失去进步的机会，她心中又产生了许多不甘心。在生活中，我们不如学学那位后来的女同事，一旦确信自己是正确的，就把话说出来，按自己的路子走下去，不必顾及那些闲言碎语，去自寻烦恼。

转变错误的思维模式

缺乏自我意识的人的思维模式是：自己没有主见，总是用他人的看法来衡量自己的言行。

我们来分析一个故事。从前，有一个老者和他的儿子赶着一头毛驴去赶集。老者担心儿子年少被累着，便叫儿子骑驴，自己在身后步行。沿途田里干活的人冲他们指指点点，嘲笑说："这个孩子太不孝顺，怎么能光顾自己舒服，叫一位长者跟在身后走呢？"儿子听到这话，知道自己错了，急忙翻身下驴，把驴让给父亲骑。老者不愿意听那些人议论自己的儿子，没有再坚持让儿子骑，而是自己骑上驴，让儿子跟在自己的后面。这时又有人指手画脚，说："这当老子的太不像话，只顾自己舒服，不知道心疼儿子。"长者听到这话心里不安，急忙翻身下驴，让儿子来骑。儿子虽听到那些人对自己父亲的议论，却不愿意背上不孝的骂名，不肯再骑。老者便想出一个办法，与儿子二人一起骑驴，这样，那些人就可以闭嘴。可是，没走几步，田里又有人嘲笑他们说："这父子俩大概是傻人，这还不把驴累死。"这下父子俩可犯难了，不知如何是好？想来想去，爷俩只能将驴捆起来，抬着去赶集。在经过一座桥时，驴因为被绑得难受，拼命挣扎，父子俩没有拽住，驴掉到河里淹死了。

路人的闲言碎语让赶路的父子丢掉自己的主见，变得手足无措，不知如何是好，他们不断地变换赶路的方式，来迎合旁观者，最后不但误了赶集，自己的驴还淹死了。从这个故事我们可以看到，缺乏自我意识的人在内心产生的非理性信念是：

"别人对我的看法非常重要。"

"如果他们在我背后说三道四，我的脸面就没了。我的日子可怎么过呀？"

"别人的批评对我来说是一种威胁，我得想方设法让他们无话可说。"

"我只有取悦他人才能在这个环境中站住脚。"

"要是没有人爱我，我就感受不到自己的价值。"

以上这些错误的信念导致焦虑、恐惧、不安，惶惶不可终日。

理性的信念是：

"我有自己的生活，不必在乎别人怎样说。我应该坚定信念，走自己的道路。"

"我会尝试发现那些我真正想做的事情，并投身其中。我在意的是自己的成长、进步和生活快乐，不必过分看重别人对我怎么看。"

"我做得再好也会有人说三道四，这很正常，这并不是我的过错。"

"我不必为迎合他人而刻意地改变自我。我应该尊重自我、相信自我。"

"我并不需要时时刻刻取悦他人，得到别人的满意。"

"我希望有人能够帮助我，但是我不能完全依靠别人。"

试想，如果故事中这一对赶集的父子，能够用这些理性信念与自己的非理性信念展开辩论，用理性战胜非理性，那么他们便可以控制自身的焦虑和不安，从容地做自己的事情，既误不了赶集，也不会淹死驴。

敢于说"不"

生活中，我们应该尽自己所能去帮助那些需要帮助的人，我们也时常需要他人的帮助。当有人提出让你去做你并不情愿的事情时，如果你碍于情面，不敢说"不"，委曲求全地答应下来，就会给你带来无尽的烦恼。违背良心去做自己并不愿意做的事情，会令你心中不安。

人的能力有限，每一个人都有自己的生活原则，不可能做到有求必应，来者不拒。拒绝是一个人的权利，我们没有必要为拒绝做自己能力不及或违背自己良心的事情而感到内疚和自责。

我们时常在内心纠结要不要拒绝，主要是放不下脸面，担心拒绝他人的要求会影响人际关系。那么，我们可以在明确自己拒绝的原则下，讲究一些拒绝的方法。

一、拒绝态度明确，不应该含糊不清，似是而非，以免让对方对你产生误解，误认为你并不想帮助，而是在闪烁其词，寻找借口。

二、认真倾听对方提出的要求，然后再决定是不是需要帮助，并提出自己的理由，让对方感觉到你的态度是认真的，不是敷衍了事。

三、讲究礼貌。直接说不可以或不行会给人一种冰冷的感觉，可以用委婉的话语，清楚地表达自己的理由。比如："对不起，这个事情我帮不了你，因为……"，或者是说："对不起，我真的没有办法帮你。"

四、给提出帮助的人一些积极、中肯的建议，但切记不要找理由搪塞。因为谁都不是傻瓜，搪塞的建议总是能听得出来，反倒会影响你们之间的关系。

改变无法接受批评的非理性信念

张晓晓和刘梅梅入职时间不长，第一次写工作方案就受到领导严厉的批评和训斥，两人很伤心。刘梅梅很快调整过来，张晓晓则相反，心里一直很委屈，又无法说出口，每天郁郁寡欢。她认为领导在故意给她小鞋穿，想辞职不干，可心里又不甘。张晓晓在对待批评上的非理性信念如下：

"领导怎么可以这样批评自己下属？我又不是你的奴隶，我不想再上班了，我要辞职。"

"领导一定是对我有看法。我发现他每次说话都是话里有话，在挑我的毛病。我如果不赶快逃走得委屈死。"

张晓晓应该用理性信念同自己的非理性信念进行辩论如下：

"职场上，我尽管不喜欢批评，但是我必须接受批评。上司批评下属是很正常的事情。他并不是只批评我一个人，别人能够接受批评，我为什么接受不了？"

"尽管领导批评得严厉一些，但这是为了我好，我应该理解。职场上遇到的困难很多，不能动不动就有辞职的念头。"

"即使我受到他人的无端指责和议论，也应该沉得住气，或者不加理睬，给他们认识自己的机会和时间。"

"我可以找时间出面澄清事实，讲清真相，不要总是纠结不清，让别人的非议长时间影响自己的生活。"

"我喜欢这项工作，为什么要辞职不干？即使我辞职也不应因受到一两次批评而辞职。"

张晓晓只有用理性的信念去与非理性的信念辩论，让理性战胜非理性，才能排解自己内心的苦闷，不再感到焦虑和不安，从而静下心来工作。

心灵感悟

但丁:"走自己的路,让别人去说吧!"

章节思考

1. 回想一下,你有没有死要面子活受罪的情况?你是怎样改进的?

2. 当受到他人批评,心中不好受的时候,你是怎样排解的?

12
应该忘记的为什么总是忘不掉

因为有过那一段痛苦记忆，不敢有新的开始；没有开始，永远无法忘记过去。这是一对矛盾体，纠结在一起，影响我们正常的生活，可我们终究需要勇敢地去面对，加以解决，而不是逃避。

没有结束就不会有开始

佟娇娇的男朋友姓钟，是一位高中同学介绍给她认识的，在一家公司当业务主任。人长得很帅气，微笑时总露出两颗可爱的虎牙，这让她联想到某款儿童牙膏的广告，于是便戏称他为"牙牙乐"。"牙牙乐"对她一见钟情，发誓今生非她不娶。娇娇对他也心满意足，愿意与他白发偕老。他们每天成双入对，除了工作，几乎所有的时间都在一起。感情发展很顺利，很快就到了谈婚论嫁的程度。这时，佟娇娇家里突然来了一个电话，说她母亲病重，让她赶快回去一趟。佟娇娇在医院照顾母亲两个月，等到母亲出了医院，娇娇回来时发现她的男朋友不见了。她在医院时，"牙牙乐"曾给她打过一次电话，告诉她，公司要派他到外地出差几天，不到一星期就会回来。可是，这都一个多月了，还没有回来，拨打他的电话也打不通。开始时，她为他担心，害怕他在出差中有什么闪失，遭遇什么不测，会不会生病，出现什么紧急的事情？她幻想着，不知什么时候那人会微笑着露出两只可爱的虎牙出现在自己的面前。最后她来到"牙牙乐"公司打听消息，公司说他已经辞职，出国了。佟娇娇开始还不相信，后来不得不面对现实，承认那人变心了，弃她而去。她彻底绝望了，对这个人恨得咬牙切齿，发誓就是追到天涯海角也要找到他，问个究竟。可冷静下来想一想，一个弱女子，这一切想法不过都是赌气而已，怎么可能去做那些事。她每日活在痛苦中不能自拔，甚至有了轻生的念头，可又不甘心，只能这样痛苦地活着。

据有关报道，在有自杀倾向的人群中，失恋者占很大的比重，这不禁让人唏嘘不已。他们的不幸在哪里呢？他们最大的不幸莫过于在心中固守那些已经失去的，或者原本不属于自己的东西，不肯放下。

《伊索寓言》中有这样一个故事：

一次，蝙蝠、荆棘和海鸥决定一同出海，来一次长途旅行。蝙蝠借钱买了船，荆棘装满一箱子衣服，海鸥带了很多金块。可是，很不幸，他们在途中遇到暴风雨，小船翻了，虽然他们脱险上岸，但所有的东西都丢失了。从此，海鸥总是在海面上低飞，不时探下头去，看一看能否找到它的那些金子。荆棘总是牢牢地缠在它看到的任何东西上，在寻找他的好衣服。可怜的蝙蝠如今也只能夜间出来，因为怕碰见借钱给它的人。它们的一生都在惶恐不安中度过……

蝙蝠、荆棘和海鸥原本都生活得很幸福和快乐，却被一次不好的经历毁掉一生，真是可惜。现实社会生活也是如此，有人就像蝙蝠、荆棘和海鸥一样，因一次挫折和失误就把自己的一生毁掉，铸成终生的不幸。

过去的，为什么就不能让它过去呢？这话说起来容易，让一个人忘记一段刻骨铭心的经历确实很难做到。许多遭遇不幸的人都懂得过去了就让它过去这样一个浅显道理，他们在极力地压抑自己，把痛苦深深地埋藏在心底，不去想它，希望将这一页尽快地翻过去。可是，这样做的结果并不能让人释怀，那一段痛苦的经历就像魔鬼一样，会时不时地冒出来扰乱人的正常生活。

心理知识

　　生活中巨大的不幸感不是客观情况造就的，而是错误思考的结果。生活中的不幸会使人的情绪受到影响，一度消沉。调整能力强的人很快会从悲伤的阴影中摆脱出来，对生活不会产生太大的影响。一个人总是沉浸在过去的痛苦中，会产生消极的抑郁、忧伤情绪，影响正常工作和生活。也就是说，无论你遭遇多大的不幸，能否尽快从不幸的痛苦中摆脱出来，重新过上正常的生活，取决于你是否有正确的思维方式。说得再直白一些，就是要想明白。

心病还需心药医。故事中佟娇娇是因失恋使自己陷入痛苦之中不能自拔。美国心理大师哈尔伯特·埃利斯遵照理性情绪行为疗法的理论，提出了几种与非理性信念辩论的方法，这些方法可以帮她摆脱痛苦。

现实或实证型辩论法

当你产生这样一种非理性信念，即"我心爱的人必须爱我"时，你首先应该思考一下，这种信念是否符合现实和事实。你应该不断地对自己发问，直到得到一个合适的答案——为什么我心爱的人一定要爱我呢？有什么证据表明他必须这样做吗？"他必须爱我"这种假设现实吗？有没有事实证据能证明这一点呢？他有什么理由必须爱我呢？

你心爱的人必须爱你，这种假设是不现实的。他可能会选择去爱你、恨你或忽视你。他是一个有着自由选择权的生物体，他可能会爱你，也可能不会爱你。所以，当你坚持认为他必须无条件爱你时，你是在否认这样一个事实——他可能会爱你，也可能不会爱你；他可能曾经深深地爱着你，但现在可能已经不爱你了。

佟娇娇的错误信念在于：她是那么深深地爱着"牙牙乐"，"牙牙乐"怎么可能不爱她呢，他一定得深深地爱着她。这样的结论不符合现实。也许当初那个"牙牙乐"爱她，但并没有爱得那么深，是热恋中的佟娇娇被假象迷住双眼，没有看出来；或者开始那个"牙牙乐"爱佟娇娇，可是，后来他另有所爱，变心了，不再爱佟娇娇了。

当你说你不能忍受他不爱你时，通常意味着以下两点：

第一，他不爱你这个事实会要了你的命。但是，你很可能不会因为他不爱你而去选择结束自己的生命。第二，"我不能忍受！"这种说法是指如果他永远也不会爱你，你可能以后再也不会感到快乐。但是，这种说法同样也是不现实的，你不会快乐的主要原因不是你不可能会快乐，而是你认为你不会快乐。你可以冷静地想一想，事实就是这样。

按照心理大师哈尔伯特·埃利斯理性情绪行为疗法的观点，非理性信念几乎都是不现实、没有根据的，你可以严格按照自己或他人的经验，对其进行辩驳，并改变它们。

逻辑型辩论法

"因为我非常爱我心爱的人，所以他必须同样爱我。这种信念符合逻辑吗？我希望他爱我，这个强烈的愿望与他爱我这种必要性之间有什么联系呢？正因为我将大大受益于他对我的关怀，他就必须爱我吗？我的结论是基于这种事实得出来的吗？"你要不断地追问自己这些问题，直到得出一个正确答案。你会发现，你对心爱的人提出的感情上的要求都是不合逻辑的。

比如，佟娇娇可以向自己发问："我希望我心爱的'牙牙乐'能够爱我，这种强烈的愿望与他必须爱我有必然联系吗？"答："两者之间没有任何联系。"通过这种逻辑型辩论，她开始明白，在现实生活中，她的愿望不是必须得到满足。

实际和务实型辩论法

以上文提及的非理性信念为例，"我非常爱这个人，因此，他必须同样爱我。要是他不爱我，真是太可怕了！我不能忍受他不爱我。要是不能让他爱上我，我就是一个无能之辈，我就是一个没有价值的人。"利用务实型辩论法，你可以作出以下辩论和质疑：

"如果我真的有这样的信念，而且这种信念还很强烈，我会怎么样？"

答："那会让我很焦虑，我会去思考我心爱的人是否爱我，万一我发现他并不爱我，我的情绪就会异常低落。"

"如果我心爱的人并不像我爱他那样爱我，是不是真的很可怕呢？"

答："不是，那并不可怕，因为它不会像想象中的那么糟糕。不过，我会认为是一件很可怕的事情，因为我有这种愚蠢的想法。"

"如果我坚持这种信念，它会让我感到快乐，还是让我感到悲惨呢？"

答："它会让我十分悲惨，除非我能保证我心爱的人真的爱我，而且将一如既往地爱我。"但是，我当然不能作出任何这样的保证，所以我会一直处在焦虑和痛苦的边缘。

"如果我坚持这种信念，而且固执己见，拒绝放弃这种信念，可能会发生什么呢？"

答："我将一直保持着极度焦虑的情绪直至（或除非）我发现心爱的人真的爱我。即使这样，我还会焦虑，因为我会意识到，我还会失去他的爱，而且根据我自己的定义，要是没有他的爱，我是不会幸福的。"

试想，如果佟娇娇或者有像她这种非理性信念的人能用以上的方法同自己进行辩论，就可以放下那个已经不爱自己的"牙牙乐"，让过去的事情过去，寻找自己的真爱。

心灵感悟

张爱玲："忘记一个人只需要两个东西，时间和新欢。"

章节思考

你是否有一件无法忘怀的痛苦往事，你是如何排解的？可以试着用上述方法同自己的非理性信念进行辩论。

13
迷茫是因你失去目标

当我们有一个正确的目标时，每天都会
为实现这个目标去努力学习、工作和生活，
心有所属，知道每天该做什么，不该做什么，
从而形成一种良好的生活规律，内心平静且
从容。

目标对人生的意义

　　吕绍武大学毕业之后，找了一份在众人看来还算不错的工作，在一个事业单位当职员，衣食无忧。后来与大学同学马莉结婚，很快有了一个可爱的女儿，一家三口日子过得平凡且幸福，吕绍武很满足。他的工作很轻松，以他的能力，每天仅需几个小时就可以把一天的工作处理完毕，然后便无事可做。他失去了努力的方向，以为自己的生活目标达到了，这一辈子就这个样子。他开始懈怠下来，不像同事们那样主动地去学习新知识、新技术，而是迷恋上了网络游戏。他结交了几位游戏高手，经常聚在一起切磋游戏。他开始放纵自己，工作时间把自己关在办公室里偷偷打游戏技术，回到家里什么事情也不做，继续玩，一直玩到半夜才睡觉，有时则通宵达旦。有时白天困极了就躺在办公室沙发上睡一觉，醒来后不顾工作，接着玩。妻子马莉见他这个样子很痛心，多次劝他，但他根本不听，没有办法，马莉只得带孩子搬回娘家去住。

　　又过了些日子，吕绍武所在的单位进行体制改革，职责分离，进行企业化管理。吕绍武原来的工作岗位没有了，被分到一个新岗位。这个岗位吕绍武一点都不熟悉，要从一点一滴学起，如果不能很快进入状态就要被淘汰。这一回他慌了。心想，我还不到四十岁，如果丢了工作，以后的日子可怎么过呢？他戒掉烟酒，不再玩游戏，谢绝一切饭局，开始钻研业务。没有几个月时间，他就对业务很熟悉了，基本可以独当一面，工作算是暂时保住了。

　　吕绍武并没有满足，他为自己设定了一个目标，要在两年之内，把自己的工作能力提高到高级工程师水平。有了这样一个目标，他清楚哪些事情可以去做，哪些事情不可以做。他将自己的时间和精力都用在了有益的地方。一有时间就读书、查资料、参加培训。每天的工作和生活很有规律。他的妻子见他有了上进心，像换了一个人一样，心中很是高兴，于是带着女儿又搬了回来，家又像个家了。两年后，吕绍武如愿以偿地当上了分管技术方面的负责人。

心理知识

　　目标是人们在头脑中形成的一种主观意识形态，是人们对预期结果的主观设想，以及想要达到的境界和目的。一个人内心空虚，整日焦虑和恐惧，多与生活目标有关，或因缺乏明确的生活目标、或因目标选择不当和错误、或因目标实现过程中遭遇阻碍，无法顺利达到目标。

　　吕绍武以前活得浑浑噩噩，是因为没有生活目标，内心空虚，越来越懒散。日子过得无聊，因此沉迷游戏寻求刺激，气得妻子带孩子回了娘家，自己险些丢掉工作。后来他找到了正确的目标，生活开始走向正轨。他的生活是充实的，不再寻求游戏刺激，一切为了实现这个目标而努力。他经过自己的努力，如愿以偿地达到了设立的目标。从这个故事，我们可以看到目标对于人生的重要意义。目标能够对人的生活起指引方向和激励的作用。当我们有一个正确的目标时，每天都会为实现这个目标去努力学习、工作和生活，知道每天该做什么、不该做什么，从而形成良好的生活规律，内心也因此平静而从容。通过目标的逐步实现，我们可以看到自身的进步，从而产生一种成就感，觉得生活很有意义。一个人如果没有生活目标，就会如同一艘在大海里迷失航向的船，漂泊不定、不知所往，内心充满迷茫、恐惧和不安。

选择适合自己的目标

每个人都有一个或者多个目标——完成某项学业、事业发展、建立美满家庭、患病者身体康复等。目标的实现不但可以使自己的人生更加完整，同时在某个方面也是服务他人——为社会做贡献，体现人生的价值和意义。

目标的选择十分重要。目标错误了就像一条船选错了航向，驶向错误的彼岸，无法取得成功。一个才华横溢的年轻干部，三十岁当上某单位处长，他的奋斗目标是三十五岁时干到正局级。可是，他的目标没有达到，三十五岁时他还是一个处长。他觉得自己没有什么前途了，就开始恣意妄为，借用手中的权力大肆贪污受贿，最后被逮捕法办。他选错了目标，将官位和私欲等同起来，官位越高，私欲越膨胀。

因此目标的设定要符合个人的特点和具体情况，且应该是经过努力是能够实现的。目标设定得过高，无法达到，不但没有意义，还会挫伤积极性。目标设定得不明确，朝三暮四、三分钟热度、半途而废，不会有持久积极性，最终还是陷入没有生活目标、不知所往的困扰之中。

目标并不是一成不变的，而是可以根据个人志向、实施进度随时调整。目标越明确，可视性越强，内心越安静，生活越快乐。

有人会问，对于很多人来说，自己不过是一个普通百姓，没什么远大理想和目标，每天都在平平常常过日子，不也同样坦然自得。其实，我们不能说这些人没有目标，他们追求的是一种从容自在、不焦虑、少烦恼的平常生活，这便是他们的目标。尽管这个目标并非"高、大、上"，但却是一种积极健康的生活方式。他们有自己的生活原则和规矩，任何偏离这个目标的事情都不会去做。他们不会像前期的吕绍武那样，醉生梦死，什么也不干，只知道玩游戏，也不会为了跟新潮、追逐时髦，几天就把一个月的工资挥霍掉。

人的一生由一个大目标和一连串小目标组成，有长远目标和阶段性目标。小目标服从大目标。心中不但要清楚将来要达到什么目标，也要明白近期目标是什么，今年目标是什么，只有心里明确目标才能有条不紊地去做，既不迷茫也不焦虑。一个小目标实现了，离大目标就更近一步；每战胜一个困难、跨越一个障碍，就会让我们看到自身的力量，品尝到胜利的喜悦，从而觉得工作、生活更有意义，更有信心向大目标迈进。

运用"酸葡萄效应"减少干扰

目标太多，尤其是旁枝末叶太多，将成为一种负担，成为萦绕你心头的烦恼，让你分心，影响主要目标的实现。比如，老李与老王结伴到大山旅行，他们在山坳发现一棵老梨树，上面结满梨子。老李将袋子里装得满满的，扛在肩上往山外走。老王只在挎包里装了几只梨子。老李累得气喘吁吁，一只脚踏空，崴进一个土坑，脚骨骨折，结果一个梨子也没有带回来，还住进医院。老李本意是观光旅行，享受旅途带来的愉悦和快乐，可他舍本逐末，追逐一袋子梨，一场快乐的旅行变成痛苦的经历。老王有自知之明，心中清楚自己能够得到多少梨，并不去贪图那些自己无法得到的东西，所以一路轻松愉快。一个人在不同阶段有不同的目标，只能收获不同成果，其他东西尽可能不去想它，能放下的尽管放下。舍小是为了得大，本末倒置、舍大求小，就得不偿失了。

人的焦虑来自欲望无法实现。欲望是没有止境的，一个欲望刚被满足，新的欲望又产生了。这也想要，那也想得到，房子越住越大，车越换越好……达到什么标准才是个头呢？欲望是没有尽头的，只会越来越多。总想得到最好的东西、更多的东西，超出自己能力范围，就会成为一种奢望。一个人身上背负太多东西，即使是自己认为珍贵的东西也并非是一件好事。面对物质利益诱惑，许多人很难做到像故事中的老王那样淡定。人们总是在想，我为什么不能多得一些？多一点点不会有什么问题。然后一点一点地给自己增加负担，直到最后把自己压趴下。

一个炎热的夏天，一只狐狸来到果园，停在葡萄园前，望着那一串串甜美多汁的葡萄，垂涎欲滴，心想："太好了，我正口渴。"它退后几步，然后向前跳去，却无法够到葡萄。狐狸又试几次都无法得到。最后狐狸决定放弃。于是昂着头边走边说："这葡萄一定非常酸，我为什么要吃它呢？"于是心安理得地走开了。这个故事在心理学中叫作"酸葡萄效应"，即一种心理防御机制，当追求某一目标失败时，通过贬低目标而达到心理上的平衡。那只狐狸看似愚蠢，实则很聪明。当我们在欲望横流的物质利益面前，心有不甘，充满焦虑，为得不到而痛心不已的时候，不妨学学那只狐狸，心中便会平静许多。

转变非理性想法

任何目标的实现都不可能一帆风顺。人的焦虑、苦闷、烦躁等不良情绪，往往来自目标实现过程中的挫折感。比如，高考失利、创业失败、做生意赔了钱等。不要轻易放弃对目标的追求、放弃奋斗。放弃只会加重自己的挫败感，使自己陷入绝望之中，以后即使再定下什么目标也会畏首畏尾、顾虑重重。瑞典化学家诺贝尔为试制炸药，失败了几百次，但他为了科学事业，不怕牺牲，坚持奋战，终于取得了日后的辉煌成就。

心理大师阿尔伯特·埃利斯曾指出，你非常想做好一个任务、一项运动、一类工作，抑或是建立一种关系，而你又害怕自己做不到。如果失败了，那些你急欲结交的人可能会失去对你的认同感。所以你会感到异常焦虑。根据理性情绪行为疗法的观点，你的焦虑也许由若干个原因造成。例如，你想要完成的任务和所遇到的困难，以及至关重要的评价人，这些外因是你无法改变的，那么，你能控制哪些原因呢？你如何才能调整并改变这些原因并使它们帮助你取得成功呢？这主要取决于你所处的情境以及失败或被拒绝后可能产生的想法。这些想法主要是由你控制着，如果这些想法不会给你提供任何帮助，你可以作出适当的调整。

你可能产生一系列非理性的想法，这些非理性的想法会让你感到不安，很可能会破坏你预期的结果。因此，你可能会认为：

"要是我注定不能实现目标，那些我喜欢的人会彻底将我拒绝。"

"真是糟糕透顶了，我绝对不能失败。也绝对不能被拒绝。"

"我永远也无法忍受这样的事情发生。这将意味着我还不够好，还不配获得成功。"

"我是一个才疏学浅、毫无价值的人。我不配获得他们的认可。以后他们还会不断拒绝我。真是太恐怖了，我会彻底崩溃的。"

"如果我得不到真正想要的东西，这种生活不值得过，也没有任何意义。"

这些想法都是非理性的，我们可以将这些非理性想法转变成为理性想法：

"我真的希望我能做好这个项目，这样的话，那些我希望能喜欢我的人就会认同我。当然，我也可能会做得不好，要是那样的话就真是不幸了，因为我不会得到我想要的东西，可能还会有人反对我，这些都不是我希望的。然而，失败和被拒绝并不是世界上最糟糕的事情，我可以从中得到成长，并不断地去尝试。"

"那些我想结交的人会反对我，其实也不是什么要命的事，仅仅是让我暂时少了一些快乐而已。即使我从来没有在这个项目中，抑或在其他类似的重要项目中取得成功，我只是会感到有些沮丧而不会消极沉沦。同样，如果我永远都得不到这些人的认可，那我只会产生一种挫败感，而不会彻底崩溃。"

"如果我付出了巨大的努力来完成这个项目，结果却失败了，那么我会继续不断地尝试其他类似的项目，最终我可能会获得成功，同时还会获得多数人的认可。但是，如果我不这样做，我就不会获得成功，即便如此，我仍然可以快乐地生活。"

直面目标实现中的困难

你真的是在朝目标努力，还是成天找理由、找借口而迟迟不行动？目标实现过程中的恐惧源于害怕失败，害怕不被人理解，害怕失去现有的环境和保障，害怕目标不切实际，遭到他人反对。这些恐惧心理，会让你虽然有目标却迟迟不敢行动，或在行动中半途而废。

如何克服这些障碍呢？美国艾德蒙·伯恩博士给出的建议是：和克服恐惧症一样，那就是直面恐惧，不断努力，最终克服恐惧。为了实现主要目标，我们将不得不承担一些风险和经历一些痛苦。但将其划分为一个个小目标（类似暴露等级设置）将大有益处。

艾德蒙·伯恩博士所说的暴露等级，就是将你所恐惧的场景划分为若干等级，最好从一个相对容易、温和的场景开始练习。也就是选择一个小目标去做，然后上升到最具挑战性的场景，一个一个地去面对。在心里不断地暗示自己、鼓励自己："我应该去做，我值得去做，我这样做的结果别人是可以理解的。"这样就可以有效消除你的心理障碍，从而有勇气去实现自己的目标。

为自己补充精神食粮

当我们在目标实现过程中遭遇到困难和挫折时，会感到孤独无助，从而对自己设定的目标产生怀疑，心中充满恐惧和焦虑。"难道是我做错了吗？""还要不要继续进行下去？"当你徘徊不定的时候，应该寻求支持，把自己的苦恼和疑问说给家人和朋友，寻求家人和朋友的支持，不要憋在心里。同时，也应寻求那些成功人士的支持，在精神上给自己补充食粮。

张海迪在谈到自己成长的体会时说："给群众治病时我常常想起白求恩，在学习上遇到困难，我常想起居里夫人，在生活低沉的时候，我常鼓励自己要像海伦那样热爱生活。"她正是靠着不断地寻求成功人士的支持，为自己加油、鼓劲，从而战胜生活道路上一个又一个的困难。

有了这种支持，我们会发觉，在我们前行的道路上并不是一个人孤独而行，而是有许许多多同行者，我们遇到的问题和困难他们同样遇到过。他们是怎样解决的呢？我们可以从他们身上总结经验教训，获得力量，这样心里就有了安全感，不再彷徨不安。

心灵感悟

法国作家罗曼·罗兰："不幸的人啊，切勿过于怨叹，人类中最优秀的人和你们同在。汲取他们的勇气做我们的养料；倘使我们太弱，就把我们的头枕在他们的膝上休息一会儿，他们会安慰我们。"

章节思考

1. 你有明确的生活目标吗？你的目标是清晰可见的，还是模糊不清的？

2. 你在目标实现过程中受到过哪些挫折？你是怎样克服的？

14

战胜恐惧最好方法是直面恐惧

我们本能的防卫致使我们难以克服恐惧。实际上，防卫导致了焦虑的循环发生。我们将恐惧当作敌人，尽力去躲避或对抗，反倒助长和增强了恐惧的能量。

逃避只会加重恐惧

有人面对不同场景会产生不同的恐惧心理。有人害怕去人多的地方，有人害怕与人交往，有人害怕在高速路上开车，有人害怕坐飞机。更夸张的是有一位带兵打仗的连长平时十分勇敢，不怕流血牺牲，却害怕小小的昆虫。一次，一只小小的毛毛虫落在他睡觉的被子上，吓得他一夜没有睡好觉。

如果一个人只是对特定场景感到一般的害怕，那么还不至于影响正常生活，如果严重到不敢出屋、不敢上班工作，甚至到了与陌生人说话都浑身发抖的程度，这就是患了严重的恐惧症，这可不是小事，需要抓紧治疗。

小秦是一位20多岁年轻漂亮的姑娘，她在一次车祸中断掉一只手臂，丢了工作，男朋友离她而去，与原来同事失去联系。从此，她情绪低落，不愿与同学来往，也不与家里的亲戚联系，平时总是把自己关在屋子里不见人。她日渐颓废，觉得自己的一生就这样毁掉了。过了很长一段时间，在家人和亲戚朋友的帮助下，她经过认真反思，想振作起来，开始新的生活。可是，她努力了几次却做不到，一出家门总觉得有千万只眼睛在盯着她，在她背后指指点点，嘲笑她。她浑身发抖，心似要跳出来，恨不得哪里有个藏身的地方立即钻进去。这样的状况越来越严重，后来她就再也不敢出门了。

有人给小秦介绍了一位姜医生。姜医生原来是某工厂的一位工程师，在一次事故中失掉了双脚，但他克服重重困难，重新学医，成为了一名优秀的医生。小秦听到他的事迹，非常羡慕，很想知道他是怎样做到的。她慕名找姜医生做心理咨询并求教。她对姜医生说："我总是走不出自卑的阴影，就拿今天早晨来说，我想去超市买东西，超市刚刚开业，顾客稀稀拉拉，没有几个人，营业员们没有事做，就站在货架前候客。她们用惊异的目光盯着我的断臂。我走到哪儿，她们的眼神就跟随到哪儿。你说我心里能舒服吗？我甚至感觉我的心脏病都要快发作了。我连东西也没有买，就像贼似的逃了出来。我不敢再去应聘找工作，不敢去和同学聚会，也不敢到人多的地方去，因为我觉得低人一等。我每天生活在焦虑不安中，痛苦不已。姜医生您说说，我是不是得了绝症，不可救药了，我应该怎么办呢？"

姜医生微笑着对小秦说："你没有什么可自卑的。相反，如果你每天都能笑呵呵地生活，大家看到你遭受这么大的挫折还能生活得这样愉快，都会羡慕和敬佩你，怎么能瞧不起你呢？我也经历过你这样的事情，但是很快就转变了。中国有句俗语，丑媳妇早晚要见公婆。当我想通之后，就一个人转动轮椅，专往人多的地方钻。别人问什么我回答什么，从来不回避，我和他们一样谈笑风生，还坐在一起打牌。他们要看我的断腿，我就让他们看个够、说个够，以此锻炼自己的'视听'能力和脸皮。过了这个坎，就一切都不在乎了。你可以试试看，是不是这样。"

小秦摇摇头说："姜医生你说的道理都对，没有错，我也读过许多励志方面的书籍，想方设法给自己鼓劲，可是作用不大。我在心里想得非常好，可出了家门就浑身发抖，我不敢面对那么多人。我一去商场、超市，心里就发慌，浑身出冷汗，感觉就像要死掉一样，我不得不逃离那里"。

姜医生温和地说："你能往哪里逃呢？不要害怕，我来帮你。明天我有时间，你来找我。"

第二天，小秦又来找姜医生，姜医生并没有给小秦用什么药，只是转动轮椅，陪她逛街。他们先是在诊所门前与熟人聊天，后来又去附近一家小超市购物，然后就回到诊所休息，接着陪小秦继续聊天。又过了一天，他们去了一家大商场，也没买什么东西，只是一层楼一层楼地闲逛，一边逛一边和小秦说笑。开始时小秦十分紧张，恐惧症状又要发作出来，可是看姜医生谈笑风生，心情就渐渐平静下来。姜医生和她逛了几天商场，她的恐惧症状有了明显的改善。最后，姜医生不再跟着她，她尝试自己一个人去商场购物、去车站买票，渐渐地，她的焦虑情绪消失了。

小秦姑娘因为失去一只手臂产生自卑心理，对周围人的言行特别敏感，连有人多看她一眼或对她笑一笑都会觉得浑身不自在，仿佛做了一桩见不得人的事被人当众揭穿似的，无地自容。于是，她选择了逃避，不去人多的地方，甚至不出门。可是，她能逃到哪里去呢？人怎么可能一辈子不出门不见人？她越是这样封闭自己，恐惧心理就越严重。其实，在通常情况下，周围的人是无意的，也许超市里那些服务员压根没有注意到小秦，只是她的多疑心理在作怪。她觉得自己的心脏病发作了，马上就要死掉了，只不过是她自己的想象，这样的事情根本不会发生，她不过是在自己吓自己。

心理知识

　　小秦的这种回避做法并非个例。回避是人们为免遭伤害而采取的一种防御机制，许多人一想到要面对令自己恐惧的场景，都会采取回避态度，躲得远远的，避免与其接触。这样做的结果就是，恐惧局面暂时不会发生，可是，这种害怕心理并没有解除，你越是回避，恐惧越厉害。

　　美国的李德·威尔逊博士指出，我们本能的防卫致使我们难以克服恐惧。实际上，是防卫导致了焦虑的循环发生。我们将恐惧当作敌人，尽力去躲避或对抗，反倒助长和增强了恐惧的能量。这正是姜医生为什么要反其道而行。他没有对小秦采取其他治疗手段，也没有再对她进行励志方面的开导，大道理小秦听得够多了，也都懂，再多说反而让她心烦。姜医生只是陪小秦逛街，在诊所门前与熟人聊天，去小超市购物，然后去大商场，一个店接一个店地逛。这个办法看上去随意而简单，但却是一个十分有效的治疗方法。

直面恐惧的方法和步骤

美国的艾德蒙·伯恩博士将这种直面焦虑场景的方法称之为"暴露疗法"，就是把你恐惧的场景，循序渐进地依次暴露在你的面前。一旦你从这一恐惧场景中脱敏，将会彻底摆脱这种恐惧。这种疗法可以治疗广场恐惧症、社交恐惧症等许多特定的恐惧症，相较内省疗法、认知疗法和药物疗法效果更好。

艾德蒙·伯恩博士解释说，暴露疗法分两个阶段进行。第一阶段是应对暴露阶段，借助他人的帮助和服用少量镇静剂，采用腹式呼吸和默念积极的应对陈述，来减少应对场景带来的恐惧。第二阶段是完全暴露阶段，不再借用任何帮助，直接进入恐惧场景。小秦开始治疗时是在姜医生陪同下应对她恐惧的场景，然后循序渐进。等到小秦的症状有了改善之后，再让她一个人去面对。对于那些多年恐惧的场景，如果一下子直接面对它们，恐怕难以做到，只能从小的、细微的地方入手，循序渐进地达到最终目的。

我们再来看一个小故事：赵小霞从小就是一个聪明伶俐、能歌善舞的女孩，但她也是一个自卑感很强的女孩子，不敢在陌生人面前表演，甚至连说一句话都会脸红，只能在熟悉的家人面前表演。有一次，她在小区里玩，几位叔叔阿姨让她唱一首歌，她居然被吓哭了，以后爸爸、妈妈再也没有让她做这样的事情。上大学的时候，妈妈亲自把她送进校园。母女道别时，妈妈搂着她心疼得哭了。妈妈说："小霞，你什么时候能变得爽朗一些妈妈才放心。唉，都怨妈妈，平时对你保护得太周到，使你缺少锻炼的机会，才成了现在这个样子。你应该学会独立生活，有勇气面对各种挑战，否则，在大学里学到再多的知识恐怕到社会上也用不上。"妈妈一番话深深印在了小霞的脑海中，她意识到自己的弱点，如果不加以改变，将无法在大学这个环境中立足，更别说到社会上了。这时，恰逢学校要举办一场演讲比赛，她报了名，决心借此机会改一改自己的毛病。赵小霞的做法是：

（1）将自己文采飞扬的演讲稿全部默记下来，在树林中练习了不下百遍；

（2）找来自己要好的同学讲给他们听，寻求他们的帮助；

（3）小霞的同学又找来几个她平时不熟悉的人听，以此来锻炼她；

（4）由她的同学召集一些同学，在小树林为她召开了一个小型演讲会。

经过多次艰苦的努力，小霞终于不再恐惧，并取得了第一名的好成绩。她在领奖时不无感慨地说："这次获奖，对我的人生意义非常大。如果我不在比赛中获胜，就不会走过自卑这一关。"后来，小霞当上了学生会的宣传部部长，主持了很多次这样的活动。

态度决定效果

态度影响治疗效果。只有当你主观上有强烈的治疗愿望时，才可能有好的效果。故事中的小秦姑娘已经意识到要改变现状，振作起来，才去找姜医生帮助。如果她的态度不转变，闷在家里拒绝治疗、拒绝他人帮助，是不可能有所改变的。那个大学生赵小霞也是一样，她自己有强烈改变自我的愿望，然后主动请同学帮助自己，这才有了后来的成功。

坦然接受自身的焦虑状况。当你面对多年害怕的场景时，不可避免地要经历一些焦虑，你要有勇气承受这些焦虑，而不是抗拒、回避。克服恐惧是一个循序渐进的过程，你只要勇敢地面对，症状就会一点点地减轻。不要因为一两次的失败就垂头丧气、半途而废。没有任何一种焦虑是通过反复训练而不能克服的，所以一定要坚定信心。

在面对恐惧场景训练时，不要人为地放大焦虑："我快不行了。我挺不过去了。"要往积极的方面去想："我现在虽然有一些焦虑，不过，这些焦虑莫过如此，没什么可怕的，我再坚持一下，很快就会过去。"这样暗示自己，便有勇气坚持下去。如此反复几次，就会距离你的目标又近了一步。

给自己一个拐杖

那位怕虫子的连长的故事被战士们当笑话传开，他自己很苦恼，因此想请指导员帮忙，治一治自己的毛病。指导员的方法很简单，他让通信员时不时地抓来个毛毛虫扔在连长被子上，连长开始还大惊小怪，渐渐地就习以为常了。大家都说指导员这一招很神奇，果然把连长的毛病治好了。

在最初阶段，一个人很难独自直接完全暴露在恐惧场景面前，而是需要家人和同伴的帮助和陪护，来度过最困难的时期。故事中的小秦得到了姜医生的陪伴及帮助，女大学生赵小霞得到了朋友和同学的帮助，连长得到了指导员和通信员的帮助，这好比在艰难行程中多了一个拐杖，可以借力而行。经过一段时间他人的帮助，自己便可以扔掉拐杖单独训练。症状严重者要在专业医生的指导下进行康复训练。只要自己有决心、有毅力，一切都会好起来。

心灵感悟

佚名："行动是治愈恐惧的良药，而犹豫、拖延将不断滋养恐惧。"

章节思考

1. 你是一个胆小怕事的人，还是一个勇于挑战的人？

2. 面对恐惧场景，你会采取回避的态度，还是积极应对的态度？

15
化解痛苦的方法

　　痛苦是难以忍受的。你想远离痛苦，不去接触它，不去想它，但这只会把痛苦深深埋藏在心底。即便躲过了一时，它也只是暂时假寐，一有风吹草动便会将它催醒，使你陷入更大的痛苦之中。

痛苦是生活的一部分

生活中，我们遇到的最大困难是时常要面对各种痛苦。生老病死、事业受挫、疾病煎熬、亲人早逝、婚恋破裂，无论是遭遇到哪一种挫折和不幸，都会给人的肉体和精神上带来痛苦。痛苦是人类的普遍现象，有谁一生能够免掉痛苦而只有快乐？不管你怎样厌恶痛苦、害怕痛苦，痛苦总会不期而至，无法避免。痛苦是人类生活中不可或缺的一部分，离开它生活就不完整。所以，法国作家巴尔扎克说："人生是各种不同的变故，循环不已的痛苦和欢乐组成的。"即使是那些外表看似光彩照人、整日笑呵呵的成功人士，在他们内心也有鲜为人知的痛苦。

痛苦是人的一种心理感受，有轻有重。中国宋朝女词人李清照用了14个字形容她的晚年生活，"寻寻觅觅，冷冷清清，凄凄惨惨戚戚。"听罢令人不寒而栗，这是何等的痛苦！没有谁愿意经受这样的煎熬。

关于痛苦在不同的人身上有不同的体验。再大的伤心之痛，在有的人看来也无所谓，挺一挺便过去了。可是对于有的人来说，一个小小的不适在他身上却被迅速放大，搅得自己整日恐惧不宁、痛苦不堪。这是因为他们对待痛苦的观念不同。每个人的承受能力也不一样，痛苦因人而异，越坚强的人痛苦就越少，越软弱的人痛苦便越多。

CATHERINE·C

心理知识

美国精神分析师、临床心理学家约瑟夫·布尔格戈在《为什么我们总是在逃避》一书中说，当我们知道直面真相会让自己很难受和无法承受时，我们更容易选择自我欺骗。有时，当一件事的全部事实让我们的生活不堪重负时，防御机制就会帮我们幸免于难。但有时，我们则需要坦然面对痛苦，逃避事实的确会让我们当下的感觉好受些，但从长远看，这只会让事情朝着更坏的方向发展。

比如，一个热恋中的姑娘，她的男朋友抛弃了她，她的心中非常痛苦。后来她决心不去想那个恋人，希望能彻底忘掉他。可是当她走在大街上，迎面走来一群年轻人时，她又不由自主地将这些人与她的那个恋人相比较，哪个人更像他？无意间她听到其中一个人说话，便心中一惊，觉得这声音怎么这样熟悉，太像那个人了。这些都免不了再次勾起那段痛苦的回忆。

拥抱痛苦

美国接纳承诺疗法的创始人史蒂文·C. 海斯在《跳出头脑，融入生活》一书中说，面对痛苦，积极的心态是：

"握住你的痛苦，就像手中握住一株娇艳的花朵一样。"

"拥抱你的痛苦，就像拥抱一个哭泣的孩子一样。"

"和你的痛苦并肩坐着，就像坐在患有重病的人身旁一样。"

"看着你的痛苦，就好像看一幅不可思议的图画一样。"

"带着你的痛苦前行，就像抱着大哭的婴儿向前走一样。"

"尊敬你的痛苦，就像尊敬一位朋友那样，聆听他的倾诉。"

"深深地吸入你的痛苦，就像深呼吸时那样。"

"放弃和痛苦之间的战争，就像一位士兵解甲归田一样。"

"装着痛苦，就像钱包里装着相片一样。"

这些话均是在告诉我们，既然明白痛苦是我们一生不可避免的伙伴，逃避不了，不如以积极态度面对痛苦，学会与其相处，设法促使其消除和转化。只有当我们深刻地体验它们之后，才可能开始新的生活，走向新的领域。不去深刻地领略痛苦，你就无法到达另一个境界。

拒绝拖延

张先生今年还不到五十岁便患有严重的冠心病，发起病来痛不欲生。他每年都要住几个月院，活得非常痛苦。在最近的一次住院中，医生告诉他，他的冠状动脉三支大血管几乎全部堵塞，必须进行心脏搭桥手术，否则后果不堪设想。张先生听到这个消息后非常害怕，脑袋"嗡"地一下，浑身惊恐地颤抖起来。他听人说，这个手术要开胸，创伤很大，还要取大腿或胸前的血管进行置换，非常痛苦。他连连摇头，说："我不做，我不做"。可是，医生告诉他，不做手术的话目前没有其他更好的治疗办法。张先生绝望了，病情更加严重，每天要经受肉体和心理上的双重痛苦。他蜷缩在床上，脑子里一想到他躺在手术台上，被医生开胸的样子就痛苦不已，浑身发抖，需要立即服药。"不，不，我不做手术。"他告诉家人，他决定了的事情谁也不要劝他。家人不再劝他做手术，医生也暂时不再提这件事情。可是，不做手术又怎么办呢？如果不做手术，他很可能在下一次冠心病发作中死掉。

张先生在经过一段时间的惊恐和焦虑之后，开始冷静下来，他认识到必须面对这个问题。张先生开始认真考虑手术问题。手术虽然有一定风险，可是成功率高达 95% 以上，那些没有成功的患者还伴有各种各样严重的基础病，自己除心脏和血压有一些问题外其他尚可。手术过程虽然很痛苦，可是，有那么多人都做过手术，现在生活得很好，别人可以忍受，自己为什么忍受不了？只要自己勇敢地面对，就一定能够成功。最后，张先生做了心脏动脉搭桥术，手术非常成功，恢复得很好，不久便能上班工作。

若张先生因害怕手术，执意拒绝，那等待他的只能是在某一次心脏病发作时死掉。他每天除了要忍受冠心病带来的肉体痛苦之外，还要忍受焦虑症带来的痛苦。张先生的痛苦达到顶峰之后，开始逐渐下降。他冷静下来，意识到自己无法逃避现实，便不再抗拒手术。最后，他手术成功了。这个故事告诉我们，回避痛苦，将永远摆脱不了痛苦。早一天直面痛苦，就很可能早一天摆脱痛苦。

不把希望寄托在他人身上

解铃还须系铃人。痛苦是一个人的感受，痛苦与否只有自己知道，他人看不清楚。他人能够提供的帮助是有限的。靠外界刺激解决不了问题。一个人可以放大自己的痛苦，也可以缩小自己的痛苦，就看自己怎样去想。

亲人突然故去，我们必须面对阴阳相隔带来的痛苦，无人能替代。生老病死是自然规律，虽然心有百般不舍，但也无可奈何。这个时候，人们常用来安慰的一句话是："一定要挺住。只有好好地活着才是对亲人最好的怀念。"挺住了，经历痛苦的考验之后才会想开。想开了，痛苦便减轻了。

你身边唯一的孩子长大了，向你挥手告别，去远方上学、创业。你心中不舍，承受着孤寂的痛苦。同时，你担忧孩子远在他乡，生活没有人照顾，心中有挥之不去的思子之苦。可是，孩子长大了，必定要独立，怎么可以永远留在你身边，在你的翅膀下生活？孩子只有离开你才能长大，必须想通这些问题、解决这些问题，你的心才能放下，归于平静。如果这些问题不解决，焦虑之苦将永远盘旋在你的心头，同时你的孩子还会时时牵挂着你。

用理性信念与非理性信念辩论

有些痛苦是人自己想出来的。比如，某人一天忽然发现，在他右胳膊皮肤上有个小疙瘩，于是，他开始灾难化联想："这个东西为什么会出现？是不是什么肿瘤？这肿瘤是不是恶性的？我说嘛，最近这个胳膊痒得厉害，是不是已经转移了？"他惶恐不安，寝食难眠。惶恐几日后，他决定去医院看医生。医生看了看告诉他，没有什么关系，你可以不去理它，过一段时间就会自然消失。这个人是个急性子，过了几天，他见那个疙瘩并没有消失，开始怀疑医生的话。"这个医生的医疗水平是不是有问题？我是不是被误诊了？我应该再换一家医院看一看。"于是，他来到另一家医院。另一个医生看了看说："没有什么大问题，也可以把它做掉。"医生说可以做掉这句话让这个人联想又多了，"为什么两家医院医生说法不一样？为什么要做掉？是不是真的不是好东西，所以要做掉？"他刨根问底地追问，医生怎样跟他解释他都不相信。他怀疑医生是不是有什么事情在瞒着他？他是不是真的得了绝症？

当思想上出现消极的非理性信念时，要用积极的理性信念与之辩论，用积极的对话来反驳消极对话：

"你有什么证据证明自己得了绝症？你为什么不听医生的话却自己胡思乱想？"

"你以前胡思乱想的那些事情，哪一件是事实？"

"即使是得了癌症又有什么可怕呢？皮肤上的癌是很好治疗的。"

经常这样反驳自己，就能有效地防止恐惧心理发作，帮助你渡过难关。

心灵感悟

海涅:"幻想出来的痛苦一样可以伤人。"

章节思考

1. 你有哪些令你痛苦不堪的事情,是怎样面对的?

2. 你可以把这些问题写下来,然后检查你的应对办法是否合适,并设法加以改进。

16

令心中不安的消极情绪

一个人如果嫉妒心太强，总是把眼睛盯在别人身上，不但会影响工作学习和身体健康，同时还会伤及对方和自己的亲人，影响彼此之间的关系。优柔寡断的人很痛苦，他们在一次次否定自己的过程中经受着折磨和煎熬。后悔总是和犹豫不决联系在一起。犹豫的人容易后悔，爱后悔的习惯又加重了犹豫不决。

嫉妒他人自己痛苦

秀秀刚跟男朋友分手，心情不好，就参加了一个旅行团去旅行。旅行团当天的行程是游览黄山。从住宿地到黄山大约有两小时的车程。秀秀前天夜里失眠，没有休息好，一上旅行车就闭上眼睛，想打个盹，养足精神去爬山。

在秀秀车座前排是一对度蜜月的小情侣，两人卿卿我我，聊个没完没了，扰得秀秀睡不着觉，很是心烦。秀秀怒目而视，可他俩背对着她，看不见她愤怒的眼神和表情，这二人仿佛有意在气她，聊得更加欢快。秀秀怒不可遏，想大声斥责他们一番，最终还是忍了下来，只是重重咳嗽两声，可人家根本没有当回事儿，依旧我行我素。秀秀无奈，闭上眼睛，心中暗自评价这二人，得出结论：他们不合适，不般配。

难道这一对恋人真如秀秀所想那样不合适、不般配？不是，是因为故事中的秀秀自己失恋，心情不好，她在嫉妒人家。由于秀秀的嫉妒心理作祟，歪曲了事实，倘若秀秀也在热恋之中，她看什么都会那么自然和谐、顺理成章。

嫉妒心强的人可以容忍他人比自己差，但不能容忍他人比自己强，若是有人强过自己便觉得寝食难安。有一个正在读高中的男孩，学习成绩一直很好，考试总是班里第一名。有一次，一个同学超过他，两门功课都是第一，他退居第二，便不能容忍，变得痛苦不堪。又一次期末考试，他的同伴成绩比他好，他失去理智，一怒之下，用水果刀向他的伙伴捅去。嫉妒这个恶魔使人的心灵变得扭曲、颠倒是非、混淆黑白，把朋友当作敌人，把好事看成坏事，这是非常可怕的事情。

犹豫不决折磨自己

李先生是一个凡事都要犹豫的人。他原来是一家工厂卫生所的药剂师，几年前工厂破产了，他便下岗回家，失去了工作。亲朋好友见他对药很懂行，为人又热情，就劝他在家附近租间房子，开个便民小药店，既方便周围百姓，收入也一定不错。李先生初听这个主意觉得挺好，自己有执业药师证，继续干老本行应该轻车熟路。于是便筹备起来，准备开店。可是没过几天他犹豫了，他怕赔钱，怕丢面子，最后不想干了，于是就停了下来。过一段时间，他听说原来的同学有自己单干开店的，他的心活了起来，又想干了。等到租完房子，要领营业执照时，他又动摇了。原因是他听人说，有一家个体小药店，因为上了一批假药，被公安局和工商局联合查封了，老板被拘留，还被罚了款。于是，他害怕了，想放一放再说。可过了不久，在他居住的那一带地区，药店如雨后春笋，冒出好几家。之后，小药店被大药店吞并，变成了连锁药店，他再想开也开不成了。

李先生是多年的药剂师，有全面的专业知识和技能，并具有丰富的经验，按道理只要再学习一些经营知识，开一个小药店不是什么大问题，当时国家政策也是允许的。只是他犹豫不决的性格把他耽误了。很多人都有犹豫不决的毛病，大到处朋友、买房子、找工作，小到选择一件衣服、一双鞋子，总是没完没了地思来想去，不敢决断。

后悔药吃到何时是个头

十年前，李蓉在某单位办公室工作。一天，领导找她谈话，根据总公司决定，要从公司里抽调一些骨干力量去支援新成立的分公司工作，她便是其中之一。对于那个新单位，有许多传闻，都说将来会很有前途，员工的福利待遇要比现在的公司好许多，可那一切都是未知数。虽然她现在只是一个科员，但是按照目前办公室的人员状况，过不了多久她就会被提拔为副主任。李蓉不想去，便找了许多借口留了下来。让她没有想到的事情发生了，两年后，她现在所在的这个公司撤销了，人员分流到各个单位。眼看她就要被提拔为办公室副主任，由于单位撤销，领导职数被冻结了，只能按科员重新分配工作，再想去那个新公司已经不可能了。因为新公司经济效益很好，要进去的人太多，无法安排，最后只得去另一个单位工作。

　　由于那次她没有去，她的同事小袁去了，现在是办公室副主任。如果当时自己去了，副主任的位子怎么会轮到小袁？李蓉为此后悔不已，逢人便提起这件让人痛心的事情，恨自己太傻，这么好的机会竟然放跑了。这件事在她心中几年都没有缓过劲来。

心理知识

嫉妒是在与他人的比较中发现自己在才能、名誉、地位、境遇等方面不如人而产生的一种羞愧、愤怒、怨恨等复杂的情绪状态。这是一种普遍的情感体验，也有人称之为"吃醋"或"红眼病"。现实生活中一般人都会有这种心理体验，我们或曾遭受过别人嫉妒，同时或轻或重地也嫉妒过别人。

嫉妒有轻有重。一般的嫉妒情绪，其正面意义是在告诉我们，别人有的，自己没有，自己没有别人做得好，我们想得到什么，就需要自己为之去努力。

一个嫉妒心强的人，内心充满了焦虑、恐惧、悲哀、猜疑、羞耻。他们不希望别人比自己出色，日子比自己过得好。一旦发现别人比自己强，心里就不舒服，看人不顺眼。这种心理又无法表露出来，只得深深地埋藏在心里，表面还要装作若无其事的样子，如同患了相思病，茶饭不思，忧忧郁郁，暗自痛苦。可是，这种情绪并不总是在暗处，一有机会它就会显现出来，表演一番。比如，当你嫉妒的那个对象在工作或生活中出了一些闪失时，便开始幸灾乐祸，免不了要说上几句风凉话。

优柔寡断的人活得很痛苦，他们在一次次否定自己的过程中经受着折磨和煎熬。他们总是对自己充满怀疑，"我这样做对还是不对？好还是不好？"徘徊不定，举步维艰。有的人因无法决定自己要不要去办某件事情而只得靠掷骰子来决断，可见其内心是多么地纠结。

后悔是对做过的事情或没有做的事情产生的懊恼情绪。后悔总是和犹豫不决联系在一起。经常犹豫不决的人容易后悔，爱后悔的习惯又加重了犹豫不决。"这件事情我得认真考虑，否则到时候就会后悔。"他们举棋不定，最后孤注一掷，还是不满意，然后便又开始后悔。

克服嫉妒心理的方法

一个人如果嫉妒心太强，总是把眼睛盯在别人身上，不但会影响工作学习和身体健康，同时还会伤及对方和自己亲人，影响人际关系和亲情关系，应该设法改正。

■ 转变错误的比较模式

当我们收到有关自己的负面信息时，往往习惯与他人进行比较。比如，当自己受到领导批评，而他人却受到了表扬，这个时候你可能会想：

"不是我做得不够好，而是他太擅于表现自己。"

"别看他今天受到表扬，早晚有丢人的一天。"

"我不适合在这样的单位工作，这里的领导只会看人下菜碟。"

我们在嫉妒他人时，总是将别人的长处与自己的短处相比，这样对比的结果只会使自己情绪低落，没有积极的意义，同时也会加重自己的焦虑情绪。

"我怎么这样笨，如果那天在会议上我再说几句就好了。"

"我是一个无能的人，连这样一个事情都做不好，还会受批评，我还能做什么呢？"

"当初我到其他部门就好了，不会遇到这样的领导。"

"如果我参加那个培训班就好了，这次考核一定会合格。"

正确的比较应保持清醒的头脑，既看到自己的短处又要看到自己的优势。别人某一个方面超过自己，我们还有另外某个方面的长处和优势。以尊重、学习的态度对待他人的长处和成就，要有勇气承认自己不足，承认别人在这方面比自己强。

人外有人，天外有天。坦然地认识到无论自己做得有多么好，总会有比自己做得更好的人。

别人做得比我们好，是在给我们提醒、给我们作出榜样。我们应该坦诚地向他们学习，而不是嫉妒。比如那个高中生，别人比他考得好，他应该当成自己前进的标杆、努力的方向，想办法超过别人，而不是用极端方法去伤害人家。

■ 无条件的自我接纳

美国心理大师阿尔伯特·埃利斯有一个著名的"无条件的自我接纳法"。他说，焦虑感往往源于你对自己人格的贬低，其中还包括一些无能感。为了克服有条件的自尊所带来的种种不良情绪，理性情绪行为疗法着重提出了这种无条件的自我接纳的方法。理性情绪行为疗法表明，在理想的情况下，我们最好可以通过各种方式来评论我们的思想、感觉和行为，并针对我们的目标、原则和愿望来采取一些行动，看看它们是否有助于我们得到更多自己想要的东西，阻止产生那些我们不想要的东西。理性情绪行为疗法还表明，我们应该拒绝给自己作出一个全局性的评价。一个人是好是坏，我们永远也无法得出一个定论。我们只是在做一些好事和坏事——这是一种根据我们的愿望、目标和价值作出的判断。如果坚持这种理性思维，我们很可能会实现自己的愿望，而不是屈从于那种以自我为标准的评价，也不会以偏概全地评价自己的本质。

按照阿尔伯特·埃利斯的说法，我们在与他人比较的时候，尽可能评价自己做得怎么样，哪些方面做得好，哪些方面做得不够，但不要对自己做总体的评价——我这个人怎么样、我这个人太无能了，或者是我这个人什么事情都办不好等等，避免带来焦虑和不安。

■ 关注自我

美国作家莉莎·特克施特在《与情绪和解》一书中说，"处理嫉妒想法的第一步，就是把焦点放在自己的责任与行为上。因为在这样的焦点之中，我们会找到理由来欢庆自己曾被给予的，以及自己做对的部分。"

每个人都有自己的活法，有自己的目标和责任，不应嫉妒他人、朝三暮四，而放弃自己的追求和目标。不作影响自己情绪的比较，把精力放在挖掘自己潜能上，不断提高自己、充实自己，这样才会生活得更加踏实且从容。

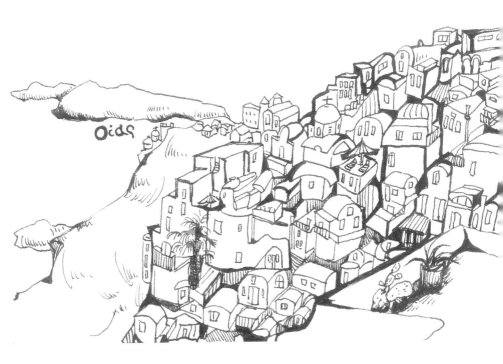

克服犹豫不决的方法

犹豫不决是一种惧怕心理。这样的人可能在小时候太依赖父母，缺乏独立能力，也可能在事业、生活中有过失败的经历，心头一直笼罩着以前遭受挫折的阴云，总是心有余悸，惧怕失败，惧怕再犯错误。他们对自己缺乏信心，对自己的能力表示怀疑，没有主见，太在乎别人的意见，等待别人替自己拿主意。面对众说纷纭局面，自己又开始犹豫不决，一次次下定决心，又一次次否定自己。

■ 调整思维，不惧怕失败

优柔寡断者只有思想没有行动，生命在犹豫中浪费掉，即使同乌龟赛跑也注定会失败。优柔寡断最大的危害是坐失良机。好机会不是随时都有的，有的机会更是千载难逢，优柔寡断者哪怕心知机会难得，过了这个村就没有这个店，但他们还是怕选择错误，惧怕失败，总是瞻前顾后、思量不定，不敢轻易下决心。时机如流水，稍纵即逝，于是这些机会就在犹豫中丢失掉了。

克服犹豫不决的毛病，要在思想上树立不惧怕失败的理念：

"失败对于我不是一场灾难。我虽然不能百分之百确定成功，但是我这样做还是有价值的，可以为下次积累经验。"

"任何成功都是从失败开始。失败并不意味着我就是一个失败者——还可以重新再来。"

相信自己的能力。自己能够看明白、想到的事情，就果断去做，不要没完没了地征求别人的意见，把命运寄托在别人身上。

确定行动计划和行动时间，到时间按计划去行动，不给自己找理由拖延。养成良好的习惯，每一次都这样去做，有助于克服你的犹豫不决。

■ 成本—效益分析

心理大师阿尔伯特·埃利斯在《控制焦虑》一书中，教给我们一种成本—效益分析方法。他举例说，如果你对电梯有恐惧感，即使你从来没听说过有人曾在乘电梯时受到伤害或导致死亡，你也会尽量避免乘电梯。每次你这样做的时候，往往会对自己说，"如果我走进电梯，很可能会有可怕的事情发生在我的身上，所以我必须避免乘电梯，以防这种可怕的事情发生！"因此，你不断对自己重申电梯可能带来的可怕后果，这样反而加重了恐惧感。然而，如果你尝试着去乘电梯，这样几次下来，你就会发现其实并没有什么可怕的，这就打消了你之前的灾祸顾虑，也就克服了你的恐惧感。因此，你应该总结一下避免乘电梯的不利之处，列一张表，每天看几遍，说明自己不乘电梯的最终代价远远要大于所带来的益处。通过这种成本—效益分析，你鼓励自己冒着短期风险，通过克服这种恐惧感来收获长期效益。这样的话，你就能在不健康的焦虑感控制你之前先行控制住它。

我们可以将这种成本—效益分析的方法用在克服犹豫不决带来的焦虑上。我们分析一下，要做的这件事可能带来哪些后果？用一个表把它们一一列出来，然后再分析一下，这件事情如果不去做，后果会怎么样？如果后果很严重，那么我们就果断去做，不要再犹豫。这样想之后你就不必再为此焦虑不安。

■ 提高决策能力

一个人的决策水平与知识、经验密切相关。要想决定某件事情，首先要掌握这方面的知识，没有这方面的知识和经验，盲目决定难免出错。一个人的知识经验越丰富，决策水平就越高。只有不断地充实自己、提高自己，才能做一个果敢的人。

遇事冷静，不要急躁。不要让焦虑情绪影响自己的判断和决策。生活中常有这种事情，越是着急越拿不定主意，越是拿不定主意心中越着急。在这个时候，不如索性将事情暂时放下，让自己心情恢复平静，说不定主意就有了。

■ 不做完美主义者

任何时候都没有万全之策。任何方案都是在比较中选定的，不可能十全十美，都会有不如意的地方，因此只能在实践中逐步完善。

大事慎重，小事不过多纠结。许多事情原本无所谓对错。比如，买一件衣服，买什么样式、颜色，完全是个人喜好，没有太大影响，不必在这方面过多纠结，以免养成不良习惯。

摆脱后悔情绪的方法

一个人经常处于后悔和自责中就会引发焦虑症和抑郁症，这种状况必须加以纠正。

■ 减少对自己的批判

承认自己不是一个完人，会有失误、会犯错误，坦然地接受自己的失误和错误。将自己做过的事情，包括所犯的过错，当作生活中不可避免的事，没有什么值得后悔。同时我们需要理智地总结教训，避免下次再犯同样的错误。

当我们出现失误和错误时，冷静分析一下，失误和错误的原因是什么？是由于自己粗心大意，没有给予足够的重视，还是由于自己能力无法达到？如果是粗心大意，以后多加注意便是，如果是自己的能力没有达到，那就更应该坦然面对，权当是对自己的一次锻炼，之后加强学习，提高能力，弥补不足，争取下次做得更好。

■ 改变思维方式

爱后悔的人典型的思维方式是：

"如果……就好了。"

"如果……不……就好了。"

故事中的李蓉总是在哀叹自己："当初如果去新公司就好了，说不定现在已经当上办公室副主任，处境不会是现在这个样子。"如果那样真的就好了吗？可能变成现实是一个过程，在这个过程中有许多不确定因素，不一定真的如何。对可能的事情念念不忘，让过去影响现在的生活，是件十分不划算的事情。李蓉工作调动的事情已经过去十年，再后悔有什么用呢，只会自寻烦恼。

■ 坚持走自己的路

爱后悔的人往往非常关注别人怎样说自己。

"你为什么要这样做呢？"

"你当初听我的话就好了。"

"这件事情，你应该事先跟我商量一下。"

几个人一起外出旅行，从一条路上山，走到半路，遇到一个人从山上下来，对他们说："你们为什么要走这条路？从另一条路上山，风景比这边美多了。"就这几句话说得他们兴致全无，还互相埋怨起来。这又何必呢，不受别人干扰，专心体验这一路风光，岂不也美不胜收？

把时间和精力放在自我和当下，不要让别人的话影响到自己的情绪。总是听信别人的话，变来变去，终将一事无成。

心灵感悟

巴尔扎克:"嫉妒者所受的痛苦比任何人遭受的痛苦都大,他自己的不幸和别人的幸福都能使他痛苦万分。"

谚语:犹豫乃时间之盗。

章节思考

你心中有哪些令你不安的消极情绪?你是怎么克服的?

17

幸福离你有多远

一个人幸福与否，不在于实际上发生了
什么，而是在很大程度上取决于他看待事物的
方式。

幸福是什么

幸福是人类的普通欲望和追求目标，许多人因得不到幸福而倍感焦虑和失望。那么，幸福到底是什么呢？

张先生有上亿资产，在当地算得上是一位赫赫有名的富豪，可他却抱怨自己是一个不幸的人。

张先生不到五十岁就患上严重的肝硬化，常年住在医院里。因为有钱，他住在一个条件很好的单人病房，身边有专人照料，可惜不是家人，他觉得很孤独。

这些年，张先生心中只装着一件事——那就是挣钱，不停地挣钱。为了挣钱，他白天黑夜拼命地工作。为谈成一笔生意，他不放过任何一个机会。他每天穿梭于各大酒店、宾馆之间，同人拉关系、吃饭、碰杯，有时一天要马不停蹄地赶两三个酒局。他很自豪，觉得自己是一个有雄才大略的男人，想得到的东西一定能得到。他没有时间休息，甚至没有时间陪妻子和孩子安静地说一会儿话。每当妻子向他提出抗议时，他总是强调，我是为这个家的幸福挣钱，你怎么就不理解我呢？他们夫妻间的矛盾越来越大，常常争吵，甚至动手打架，最后日子过不下去，妻子带孩子离他而去。他依旧我行我素，结果把自己喝成重病。

张先生在身体状态好些的时候，得到医生允许，一个人走出医院，在附近散步。累了就坐在街头一个修鞋摊的椅子上休息。修鞋摊的主人是一位驼背老人，大家叫他郭大爷。郭大爷今年七十多岁，身体还算健康，只是耳朵有些聋，他在这儿修鞋有几十年了。大家不知道老人在年轻时遭受过什么样的磨难，至今依然孤身一人。他没有结过婚，没有子女，许多人们认为的世间幸福他都没有享受过，可他从不愁眉苦脸，总是乐呵呵的，见到谁都愉快地打招呼。郭大爷每次见到张先生都主动让他坐一会儿。郭大爷见张先生愁眉不展的样子，笑呵呵地自言自语道："天上下雨地上流，大事小事不用愁，生在福中要知福，天天日子乐悠悠。"

张先生很是奇怪，我这样一个有钱的人都感觉不到幸福，他一个穷困潦倒的人，怎么会幸福呢？难道我真的比不上这个孤老头子吗？

张先生追求的幸福是什么？他为什么认为自己是一个最不幸福的人？

幸福是拥有财产吗？郭大爷只是一个修鞋匠，没有什么财产，可他觉得自己很幸福；张先生腰缠万贯，却常年住在医院，却自认为是一个最不幸福的人。看来，幸福与财产多寡无关。这让人想到一个更典型的故事：古时有一个国王，他拥有无数财宝和至高无上的权力，可终日愁眉不展、闷闷不乐，一点也不幸福。他听人说，如果能找到一个十分快乐的人，穿上他的衬衫，就可以治好他的忧郁症。他派出很多人，最后终于找到那个脸色黝黑、无拘无束、快乐万分的人，他是个流浪汉，穷得连一件衣衫也没有。可见，幸福与否，不是靠权力与物质财富所决定的。有人认为，成家立业、娶妻生子是幸福的标志，可是郭大爷孤独一身，同样很幸福；张先生虽有妻子儿女，但却与他矛盾重重，最后妻离子散。

心理知识

什么是幸福？不同的人有不同的理解。有人像张先生那样，以发财为幸福，有人以升迁为幸福，有人以享用山珍海味、琼浆玉液为幸福，有人以成就轰轰烈烈的大事为幸福，有人以平平淡淡、从容地度过一生为幸福。

不同的人对幸福有不同的理解很正常，幸福就是个人的主观心理体验，是一种感觉。如同有人看见满天彩霞是美，有人看一抹白云也美，个人的感受因生活经验、所处境遇、情绪不同而不同。我们时常以自己的感受来衡量他人，羡慕某人生活很幸福，某人身在福中不知福；猜测某人生活如此坎坷，不会幸福，可人家的日子却过得十分滋润。鞋合不合脚，只有自己知道。

心理学家指出，快乐和愉悦的情绪并不等同于幸福，它只是幸福的浅层表现。因为任何快乐和愉悦的情绪都是短暂的，稍纵即逝。一个人中了彩票大奖，确实能高兴一阵子，可是过不了多久又归于平常，并不能提高他的幸福感。

幸福除了快乐和愉悦外，更深一层的含义是主观幸福感，指人们对其生活质量所做的整体评价，对生活的满意程度。

主观幸福感的基本特点是：

(1) 主观性。主观幸福感是以评价者自己内定的标准进行评估，而非他人标准。

(2) 稳定性。主观幸福感测量的是一个较长期的情感反应和生活满意度，具有相对稳定的特性。

(3) 整体性。主观幸福感是对一个人生活的综合评价，是情绪和情绪判断的综合体。

科学研究表明，主观幸福感与身体健康紧密联系在一起。像张先生那样疾病缠身，幸福感一定很差。提升幸福感能够有效地延长寿命，减少各种疾病尤其是心血管疾病的发生。

健康心理学家通过调查人的主观幸福感，也就是对人的思想和情感进行评估得出结论，幸福的人有以下几个共同特点：

一、幸福的人有较强的自尊心。他们很自信，觉得自己比一般人更聪明，能更好地与人相处。

二、幸福的人有很强的控制感。不同于那些感觉被操纵和习得性无助的人，幸福的人觉得自己能够掌控自己的生活。

三、幸福的人都很乐观。乐观精神使他们更有毅力地完成任务并最终达成目标，而且乐观的人也会更健康。

四、幸福的人都能从日常活动中找到乐趣。

五、幸福的人喜欢与人相处。他们更外向，更容易建立起关系密切的社交网络。

具有上述特点的人，他们的生活幸福感会很强，反之，这几方面差的人，他们的幸福感也差。生活中，这样的例子比比皆是。

做一个感悟幸福型的人

美国的泰勒·本·沙哈尔博士在《幸福的方法》一书中将人生分为四种类型：

一、忙碌奔波型。牺牲眼前的快乐，一切努力都是为了未来的目标。

二、享乐主义型。放纵自己、及时行乐、逃避痛苦，却从不认真考虑后果。

三、虚无主义型。他们被过去的阴影所笼罩，放弃追求幸福，不再相信生活是有意义的。

四、感悟幸福型。他们不但能够享受当下所做的事情，而且通过目前的行为，他们也可以拥有更加满意的未来。

我们需要的是感悟幸福型人生，把眼前与未来结合起来，为了一个有意义的目标，快乐地努力和奋斗。

研究表明，热爱学习和工作的人幸福感会很强。可是，现实和未来之间总是存在着矛盾和冲突。我们在多数情况下无法选择到自己感兴趣的工作，每天要面对枯燥无味的学习，只能让我们心烦气躁，怎么可能开心快乐？泰勒·本·沙哈尔博士指出，若要获得更多的幸福感，就要明白我们对工作是否认可，有时候比工作本身更重要。他给出的方法是，寻找和培养使命感，将你的工作赋予新的意义，这样会给你带来快乐。

故事中修鞋摊摊主驼背的郭大爷，外人觉得他修鞋这个活既脏又单调，不过是为了糊口不得已来做，没有什么快乐。可郭大爷并不这样认为，他把修复顾客送来的破损鞋子当成自己的责任，从中找到自己的价值，欣赏到自己的杰作，他觉得很快乐、很幸福。我们也可以向郭大爷学习，给单调乏味的学习和工作树立目标，在平凡中寻求挑战，享受工作和学习的成果，从中得到快乐。

转变看待事物的方式

心理学家说，一个人幸福与否，不在于实际上发生了什么，很大程度上取决于他看待事物的方式。举个例子，两个人同时经过一个露天市场，一人十分欣赏闹市的场景，人来人往，熙熙攘攘，各类商品琳琅满目，觉得逛市场是一种享受；而另一个人则认为，这是什么鬼地方，乱哄哄的，我一刻都待不下去，得赶快离开。同一个市场，两个人心态不同，得出迥然不同的两种结论。

在我们身边有许多这样的例子，他们的年纪、职业、收入和婚姻状况基本差不太多，一些人积极乐观，而另一些人总是沮丧和焦虑。乐观的人认为他们的生活挺幸福，而沮丧的人则认为他们的生活充满烦恼，这是为什么？

有人说，我每天这么忙，哪里有时间享受快乐。难道享受快乐就得停下来，什么都不做吗？细细想一想，我们的快乐有多少是轰轰烈烈的大事？一段花前月下的漫步，一刻野外田园的小憩，一杯酒，一杯茶，一段美妙的音乐，甚至一股习习凉风，都会让我们心旷神怡。这个时候我们常常感叹，太幸福了！还要到哪里去寻找快乐？幸福离我们很远吗？快乐就在我们心里，就看我们如何看待。快乐和痛苦是人生的两个伙伴，当你热烈拥抱生活的时候，快乐就伴随着你；当你对生活失去信心、厌恶生活的时候，快乐也就让位。

一切的关键在于我们看待生活的态度。

　　焦虑、恐惧、忧伤、抑郁、羞愧等消极情绪是影响幸福感的最大因素。平静、喜悦、爱、自信、沉着，这些积极情绪是我们面对坎坷仍能保持积极向上的基础。在生活中，保持一个良好心态，可以消减心中的消极情绪，增强积极情绪，给自己带来幸福感。

自得其乐与知足常乐

自得其乐，顾名思义，就是自己找快乐。古代有一个书法家，他一练书法就会入迷。一次，他正在练书法，妻子送来蒜泥和馒头，他没注意，蘸着墨汁吃馒头，而且还吃得津津有味。他将一切烦恼全都忘掉了，全身心地投入字的一笔一画之中。对于他来说，这叫自得其乐，幸福的感觉是他自己找来的。美国心理学家米哈里·契克森米哈赖说，这叫"心流"。人在"心流"状态下，个体高度兴奋和充实，经历一种积极的生命体验，从中感受到幸福。

许多人虽然没有像那个书法家那样癫狂，却在投身某项体育运动或文艺活动中找到了快乐，增强了幸福感。如果你觉得生活空虚，每天无所事事，不妨选择一项文化或体育活动试一试，享受其中的乐趣，减少焦虑，使生活更有意义。

完美主义者普遍都有严重焦虑情绪。他们将人生的目标定得很高，凡事要求一丝不苟、精准完整，达不到就心烦气躁，使幸福变成可望不可及的空中楼阁。完美主义者不停地与别人攀比，比房子、比车子、比吃穿、比工资，别人有的我为什么没有？别人为什么会比我的好？心中不服气，恨不得一天之内超过所有人，这些都是导致消极情绪的重要原因。有这种心态的人没有满足感，总觉得自己不幸福。俗话说，知足常乐，容易满足的人幸福感就强。不过分在意别人对自己的看法。幸福感是自己的主观感觉，是自己设定的标准，只要自己认为生活方式适合自己，就要坚持下去。如果心中总是担心别人怎么看，总是在拿别人的标准来衡量自己，只会让自己心中忐忑不安，从而助长消极情绪。

让生活充满爱

广泛且令人满意的人际关系是快乐的重要因素。

英国丹尼尔·内特尔教授在《幸福》一书中说,在幸福研究领域最可靠的一个发现是,已婚人士的幸福感得分要比未婚人士强。平均而言,幸福感最弱的是结过婚但又离婚、分手或丧偶的人群。美满的婚姻关系是幸福的基础。用心去爱你所爱的人,彼此相互理解、相互包容、相互恩爱,你给他(她)带来快乐,你自己也会快乐。

宽容使一个人的内心更平静。社会是一个大家庭,每个人都在一定的人群和团体中生活,每天都要与形形色色的人交往,难免磕磕碰碰,产生这样或那样的矛盾,发生一些不愉快和不称心如意的事情。喜欢抱怨的人习惯于把一切毛病全部归咎于别人身上,却认为自己没有一点问题。他们毫无道理地将自己的心情带坏,同时也破坏了别人的好心情。试想,在一个单位、一个家庭,有谁喜欢身边有一个凡事总是喜欢抱怨的同事、丈夫(妻子)呢?人的一生过得是否幸福和快乐,常常与胸怀有关。一个人没有宽容之心,整日为一点小事与人斤斤计较、大动肝火,头脑中装满烦心事儿,就会感到生活没有乐趣,很痛苦。相反,如果他心胸豁达,能宽和对待朋友、对待家人、对待同事、对待左邻右舍、对待认识和不认识的人,他的内心将是一片广阔的天地,生活将变得和谐、安宁,充满快乐。同时,也会得到他人的尊重和欢迎。

帮助他人快乐自己

任何人生活在这个世界上，都需要得到他人的帮助。帮助或大或小，或多或少，无人不需要。尤其是当我们的命运遭受打击、身陷逆境、困难无助的时候，任何一个微小的帮助都会让我们感动不已，铭记于心。别人在帮助我们，同样我们也应该尽自己所能，去关心帮助他人。

帮助从来不是单向的，你帮助了别人，别人也在帮助你。这并不是说，我们帮助别人一定要索取物质上的回报，而是说，当我们用自己的爱去温暖他人时，自己的心同时也得到了温暖。

别人遇到困难，一时无力解决，你伸出无私援手，尽自己所能给予帮助，帮他解决燃眉之急，渡过难关，你会觉得这个世界上自己不是只会寻求别人帮助的人，你也可以帮助别人。你会为自己的成就而感到欢欣鼓舞。同时，在帮助他人的过程中，你会惊喜地发现，自己也在悄然发生变化。以前，你总在为自己过去的不幸遭遇愁眉不展，心中的愁结就是解不开，当你帮助别人解开心中愁结时，会意外地发现自己心中的愁结也解开了，那些苦恼消失得无影无踪。以前，你总是在抱怨自己百无一用，可在你帮助别人的过程中，你发现了自己的潜能和伟大，从而对自己的前途充满信心。

所以，你在帮助他人的过程中收获最多的不是别人，还是你自己。一个人给予别人的东西越少，自己的要求越多，他整日只为自己谋划，就越不会快乐。你无私地帮助他人，你的内心是安静的、快乐的，焦虑和不安消失了，使你更加坚信自己的生活道路，你的幸福感从此提升起来。你会发现整个人都在变，这便是内心强大的魅力。

心灵感悟

梭罗："任何人都是自己幸福的工匠。"

谚语：赠人玫瑰，手有余香。

章节思考

1. 你是一个幸福的人吗？

2. 你怎样提升自己的幸福感？

3. 你是一个随和的人吗？你一般怎样改善人际关系？

18
学会放松

放松的好处是可以使你的身体从压力的影响中恢复过来，消除紧张状态，减少焦虑，使心情归于平静。

适度放松不但能够缓解压力，使身体更加健康，还可以增添生活乐趣，使生活变得丰富多彩。

放松的意义

生活之道一张一弛。"张"是工作、学习，"弛"是休养生息。许多人不懂得张弛有度的道理，一旦忙起来便停不下来。他们见自己有点空闲时间，便觉得是在浪费生命，有一种负罪感，非得找些事情做才心安，不给自己留一丝空闲。

一个人如果长期处于沉重的工作、学习和生活的压力之下，身体就会出现许多症状，比如疲劳、头痛、胃肠不适、腹泻、肌肉紧张等。这些症状我们可能会意识到，也可能意识不到，因为我们将全部精力都集中在工作和学习上，唯恐做得不够好、不够多，因此顾不上身体出现的症状，等到发觉时问题已经很严重了。这便使有些人觉得很奇怪，我在那么重的压力之下都挺了过来，为什么事情已经过去了，毛病反而纷纷找上门来。所以，我们应该时刻注意身体上的症状，提醒自己要经常放松一下，不要等问题积攒很多才去放松，这就为时太晚了。还有人认为，我年轻、我身体健康，便无所顾忌，没有限度，硬撑着去做某一件事情，这也是一种错误的想法，长久下去，终究要带来身体上的问题。

心理知识

　　适度放松不但能够缓解压力，使身体更加健康，还可以增添生活乐趣，使生活变得丰富多彩。当你一个人静静躺在绿茵茵的山坡上，脚下可见潺潺流水，天上能望到朵朵白云，紧绷的神经一旦松弛下来，你的心就会像白云一样淡定和悠闲，呼吸就像那山下小溪一般不紧不缓，一切焦虑和恐惧都消失得无影无踪，你的身心会觉得无比清爽。你会觉得你周围的一切是那么和谐、美好。你会很享受当下生活，不再觉得每日的忙碌是在受罪受苦，整个人会改变模样。

　　放松不但可以使你的身体从压力影响中恢复过来，消除紧张状态，减少焦虑，使心情归于平静，还可以提高你的睡眠质量，从疲劳中恢复过来，减少由于心情紧张、焦虑引起的各种疾病。放松之后，你不必为其他烦心的事分心，这有助于提高你的注意力和记忆力，增强信心，减少自责，提高工作效率。

选择适合你的运动

运动可以起到缓解压力、平和心态、刺激内啡肽分泌的作用。内啡肽被称为"快乐因子"。当运动达到一定量时，它可以将压力和不愉快带走，增加愉悦感。同时它还可以改善血液循环、提高食物的消化和吸收、提高睡眠质量，减少沮丧感的发生，增强控制焦虑的意识。个人可以根据自己身体状况和兴趣爱好，选择适合自己的运动项目。

■ 游泳

游泳是一项全身运动，经常游泳能增强心血管功能、增加肺活量、增强免疫力，还能塑造更好的体型。同时游泳还可以很好地调节情绪，因此其是一项非常受欢迎的运动。每次游泳最好达到三十分钟，每周最好游 4～5 次。

■ 慢跑

在跑步过程中，人体会开始慢慢地消耗体内的糖类和脂肪，还会产生大量汗液，排泄废物，促使体内的内啡肽和肾上腺素大量释放，使人精神愉悦。每周进行四五次 3000 米慢跑，能够有效降低焦虑感。

英国作家马特·海格在《活下去的理由》一书中，谈到自己战胜焦虑症的体会时说："跑步是抑郁症和焦虑症公认的缓解剂，对我也确实很有帮助。跑步还让人身体健康，身体健康当然是一件好事。患病期间我一直大量喝酒、抽烟，现在我在努力消除已经造成的损害。我每天要么跑步，要么做其他有氧运动，我发现跑步可以驱散心中的迷雾。跑完步做做伸展运动，冲个热水澡，我会感到很放松，就像抑郁症和焦虑症在缓慢地蒸发，感觉妙极了。"

■ 太极

太极是中国传统的健身运动，现如今已经越来越受人们的欢迎。练习太极有助于疏通经络，保持气血通畅，使身体和谐统一，从而达到放松身体、缓解压力、消除焦虑的目的。

练习时注意力集中，调整呼吸，动作轻柔、和缓，循序渐进，要坚持锻炼，三天打鱼两天晒网不会有好的效果。太极健身的项目很多，有太极拳、太极扇、太极剑等，可以根据自己的时间和喜好，选择适合自己的项目。

■ 散步

散步简单易行，具有其他运动项目无法比拟的优势。每天坚持散步，可以放松心情、缓解神经紧张、促进血液循环、降低患心脑血管疾病的概率。一般的散步可以起到放松和分散注意力的目的，如果要达到健身的目的必须以轻快的步伐，每小时大约走 3000 米，每周 4 ~ 5 次。同时散步还可以起到减肥的作用。

放松的几种形式

■ 腹式呼吸

呼吸有两种类型，上胸腔呼吸和下胸腔呼吸。下胸腔呼吸也叫腹式呼吸。

美国知名心理治疗专家 R. 里德·威尔逊在《远离焦虑》一书中指出，随着研究的深入，我们越来越多地了解到这两种呼吸模式的重要性。一个以 160 个人作为被测试对象的研究发现，那些呼吸缓慢而深入的人更自信，情绪更稳定，体力和智力上也更活跃；而习惯呼吸快速而浅的人，则更被动、依赖性强、容易受惊，也更害羞。他还指出，通过改变习惯性的呼吸模式，你可以增强对恐惧的防御能力。焦虑不安时改变呼吸模式，可以彻底改变因惊恐而产生的症状。

美国艾德蒙·伯恩博士在《焦虑症与恐惧症手册》中讲授了腹式呼吸的练习方法。

一、记录下你紧张的程度。然后，把一只手放置在胸腔右下的腹部处。

二、通过你的鼻腔慢而深地吸入你肺的最底部，换一种说法就是，尽你所能把空气吸入身体的最深处。

三、如果你已经深深地吸了一口气，暂停片刻，然后慢慢地从鼻腔和口腔呼出，并确定气体完全呼出。当呼出气体时，要让你的整个身体放松。

四、做 10 次慢而深的腹式呼吸。试着保持你呼吸时平稳而有规律，不要猛地吸一口气或一下子把气完全呼出。当你吸气时慢慢地从 1 数到 4，然后呼气时再慢慢地从 1 数到 4，这样做有助于让你的呼吸慢下来。记住在每次吸气后要暂停片刻，然后慢慢呼气。每次呼气时从 10 开始倒数到 1。这个过程进行如下：

慢慢吸气……暂停……慢慢呼气（"10"），慢慢吸气……暂停……慢慢呼气（"9"），慢慢吸气……暂停……慢慢呼气（"8"）……直至倒数到"1"。

练习腹式呼吸时，如果你开始时感到有些头晕，那么就暂停15 ~ 20 秒，再接着练习。

■ 冥想

许多治疗焦虑和恐惧症的专家和心理学家都把冥想作为减少焦虑、放松精神的有效方法之一。近代医学家和心理学家相继发现，冥想过程中，通过静坐调息、默念意守，在放松及集中精神的过程中，心跳和呼吸频率都会放慢，血压也会下降，可以起到提高免疫力、促进健康等积极健身效果。一段时间之后，冥想者会发现他们日常的焦虑逐渐减少，高度紧张时也可以更快地恢复正常。

冥想分两种类型，一是集中冥想法，二是非集中冥想法。集中冥想法，强调要依靠对某种特殊物体的聚焦来集中注意力。在冥想过程中，每次思想要游移时，都要将注意力拉回并聚焦在某物体上。也就是说，你在 20 分钟内要持续关注同一个对象。在冥想和放松时，一个非常重要的技巧就是被动态度。你不需要去创造任何事物，也不需要努力去感受身体的器官，你所需要做的就是保留意识、保持舒适的姿势、放松所有的注意力，直到 20 分钟结束。

非集中式冥想法，并不要求将注意力集中在特殊物体上，相反地，无论在意识中出现什么内容（包括念头、幻想和情绪），都可以成为聚焦的对象。

哪种方法更适合你呢？如果你有许多焦虑和不安的想法，你可能更容易掌握集中冥想法，而不是非集中冥想法，因为它可以让你集中精神在某一点上。研究表明，有明显焦虑症状的人，通过规律、积极的技巧去练习更易于减轻压力。

■ 穴位按摩

穴位是中国文化和中医学特有的名词，多在神经末梢和血管较多的地方，以及人体经络线上特殊的点区部位。通过针灸或者推拿、点按、艾灸等方法，刺激相应的经络点，可治疗各种疾病。我们可以在工作和学习之余，通过用手按摩刺激相应的穴位，达到放松身体、缓解压力的目的。

太阳穴位于耳廓前面，前额两侧，外眼角延长线的上方。按摩太阳穴可以有效放松神经，缓解人的紧张、焦虑情绪。

大椎穴位于脖子后面第 7 颈椎棘突下凹陷中。经常按摩大椎穴，能够有效缓解神经紧张，使身体放松。

承泣穴位于面部，瞳孔直下，眼球与下眼眶边缘之间。每天坚持按摩承泣穴，可以起到疏通经络、减轻眼肌紧张和疲劳、预防近视眼的功效。入睡前按摩承泣穴，还可以帮助我们放松面部神经，加速血液循环。

合谷穴在手背，先以右手拇指内侧横纹，对应左手虎口，拇指下压所按之处即是。或食指拇指并拢，虎口处出现隆起肌肉，状若山丘，往后走为山谷凹陷处，即是此穴。按摩合谷穴对于缓解发热、头痛、牙痛等有一定效果。除此之外，通过按摩合谷穴，还可以达到缓解压力的效果，帮助我们镇定神经、缓解疲劳。

内关穴位置在手掌面关节横纹往上约三指宽的中央凹陷处。按摩内关穴有静心安神的功效，可以帮助我们很好地缓解心中的紧张情绪。

忙中偷闲的方法与技巧

在我们这个快速发展的时代，无论工作还是学习，一旦忙碌起来便没有空闲，时间只能靠我们去"偷"和"挤"，不"偷"不"挤"永远没有时间。我们无法改变所处的环境，只能发挥聪明才智想办法去适应环境。当我们疲惫不堪时，不妨暂且放下手中的工作，偷一会儿懒，哪怕伸一个懒腰，只用几分钟甚至几秒钟放松一下自己，然后再继续工作，这样就会容光焕发、精神如初。

■ 闭目养神

闭目养神是一种简便易行的调养精神的方法，适宜在紧张工作和学习间隙、无法离开位置时进行。具体方法是：调整自己坐姿，全身放松，微微闭上双眼，呼吸放缓，脑子里排除一切外界干扰，什么事情都不要去想，让自己进入一种静谧、祥和的状态。这样静静待上几分钟，就会达到气血顺畅、心理平衡、头脑清晰、浑身轻松的效果。闭目养神可以消除工作、学习和生活压力过大带来的各种烦恼，缓解身体疲劳，还可以为消化系统提供足够的血液和氧气，提高消化吸收的效果。

■ 深呼吸

深呼吸可以使人的胸部、腹部肌肉和相关器官得到运动，血液循环加强，从而消除疲惫、舒缓情绪，减轻由于工作压力过大导致的颈部疼痛，继而达到改善睡眠的目的。具体方法是，端坐在一个没有扶手的椅子上，全身尽量放松，两脚平放，大腿与地板平行，手放在大腿前部，用鼻子深深吸气。吸气时慢慢鼓起肚子，达到极限后，屏气几秒钟，逐渐呼出气体。如此反复吸气、呼气，排出肺内残气，吸入新鲜空气。深呼吸要尽量选择空气新鲜的地方进行，每日 2 ~ 3 次，每次 3 ~ 5 分钟。

■ 发呆

发呆是人的一种心理调节，指人在繁忙劳累中主动让自己暂时停下来，忘掉一切，什么也不去想，什么也不去做，完全处于一种放空状态，这样坚持几分钟到十几分钟，可以有效帮助我们减轻疲劳、促进血液循环、减少焦虑、恢复体力和精力。

■ 打盹

打盹是指困倦状态下短暂睡眠。多指坐着或靠着断断续续地入睡。有科学家研究发现，白天打个盹，不仅可以使人恢复体力，还能提高记忆力。午后打盹可改善心情，降低人体紧张度，缓解压力。

■ 听笑话

当心情郁闷、工作和学习进行不下去的时候，不妨暂时放下手头工作和学习，听一段笑话，然后开怀一笑，待消除烦恼，心情放松了，然后再继续进行工作和学习。这样不但可以提高工作、学习效率，还有助于身体健康。经常听笑话、说笑话，可以使人性格变得开朗，对生活充满热情，成为一个心理健康、幽默的人。

■ 听音乐

音乐通过旋律、节奏和音色表达情感，能够唤起听者的情绪体验。同时，音乐还可以吸引和转移人的注意力，改变或抑制人的负面情绪，改变人的心理状态。现代医学研究发现，音乐可以调节心脑血管、呼吸系统、胃肠系统的变化，缓解心理因素所造成的情绪紧张和烦躁。在身心疲劳和心情烦躁的时候听上一曲柔和、舒缓的音乐，可以使人的心情平静下来，得到放松。

■ 工间健身运动

工间、课间健身，对于促进每一个人身心健康意义重大。具体可以根据个人的职业不同，利用休息时间开展健身活动——打乒乓球、羽毛球、健身操、散步等，都可以有效地缓解疲劳和压力，使身心得到放松。

由于每个人工作、学习环境不同，带来压力的方面各不相同，缓解压力的方法也应该有所不同，应根据实际情况，因地制宜地采取相应的方法和措施。

心灵感悟

列宁：“不会休息的人就不会工作。”

章节思考

1. 你有哪些放松自己的方法？如果方法不多，可以根据本章所说的方法适当作些调整。

2. 选择一项适合自己的体育运动，把它坚持下去，会让你受益匪浅。

19

从容在于管理好自己

把日子过得从容不迫的人都是时间的主人，不会驾驭时间、让时间牵着鼻子走、做时间的奴隶，他们的日子永远忙乱不堪。

有计划的生活不慌乱

刘阳、张小梅夫妇是性格迥然不同的两种人。刘阳性格马马虎虎、大大咧咧，办什么事情不讲究章法、没有条理，忙起来顾头不顾尾，闲下来浑身难受，无所事事。他的妻子张小梅则不然，是一个做事细致、有条理的女人。刘阳里里外外一切事情全靠张小梅帮他打理，离开张小梅就会闹出一些让人啼笑皆非的笑话。有一次，张小梅的母亲因病住院，她去医院照顾母亲，公司忽然通知刘阳跟公司马总去外地出差，与客户谈一个合同。本来这次出差，马总要与刘阳部门的部长一起去，可是，部长刚刚辞职，新部长还没有到任。公司领导层觉得刘阳在部里算是资深人员，有一定工作经验，有意让他接替部长工作。这次马总带他出来也有对他进一步考察的意思。刘阳也心知领导的用意，准备工作做得非常认真。可是，他与马总到达机场后，就要登机时发现自己身份证没有带，更重要的是公司一堆资料都落在家里，忘记装进箱子。没有办法，他只得向马总说明情况，跑回家去取，结果误了航班，只得改签别的班次。马总非常生气，在公司会议上把这件事情说了出去，提拔事情被搁置。这件事情对刘阳触动很大，他决心改变自己的习惯，凡事都做到有条理、有计划，头一天晚上把第二天要办的事情罗列好，先办什么事情，再办什么事情……把需要的东西事先准备好，这样可以避免忙时手忙脚乱，闲时无所事事。

有人抱怨："瞧我这一天，从早晨睁开眼睛一直忙到睡觉，可是回想一下，却想不起来都干了些什么，一点效果都没有。这是什么原因？"就是因为没有计划，事先不做好安排和打算，事到临头才想起来去做，难免心中焦急、手忙脚乱、丢三落四。

心理知识

　　计划是为完成一定目标事先拟定措施和步骤的部署，是为规划未来而制订的行动方案。有计划的生活才有规律。计划可以让工作、学习和生活更有条理，大到每天、每周、每个月，甚至全年，小到每个小时，使工作、学习、生活状况和进展清晰可见。明确哪些事情是重要的，哪些事情是次要的，哪些事情应该先去做，哪些事情可以后做，哪些事情可以暂时不做。合理的计划可以增强人的自信心，使人每天生活得很充实，没有计划的生活只能一团糟，不是无聊便是烦躁焦虑。

管理好你的时间

把日子过得从容不迫的人都是时间的主人。不会驾驭时间、让时间牵着鼻子走、做时间的奴隶的人，他们的日子永远是忙乱不堪。这正说明时间管理在工作、学习和生活中有着重要意义。

■ 查清你的时间浪费在哪里

有人抱怨，我这一天有多忙，在单位要开会、要汇报、要写方案、要接待客户，每天有那么多的工作要做，忙得连喝口水的时间都没有。回到家里，还得做饭、做家务、帮助孩子学习，一忙就到十一二点，一点时间都没有。可是，我的同事们与我做同样的工作，家里也是三口之家，孩子与我家孩子一般大，他们的日子为什么过得那样悠闲？是不是我太笨了？

我们来分析一下，不会生活的人的时间都浪费在哪里了？

一、目标不明确，朝三暮四、变来变去、走弯路、浪费时间。瑶瑶的妈妈想让女儿学一门乐器，却不知应该学什么。她见邻居家孩子小提琴拉得非常好听，便给瑶瑶也买了一把小提琴，同时给她报了一个培训班，每周带孩子学习两次。瑶瑶对小提琴不感兴趣，学了三个月，一点进步都没有。瑶瑶妈妈发觉孩子不愿意学的原因是小提琴不好学，于是放弃了，让孩子改学琵琶。琵琶是民族乐器，更适合女孩子演奏。孩子学了一段时间，又不想学了，瑶瑶妈妈便想挑选一个既简单又好学的乐器。她发觉二胡简单，一个弓子，两根弦，一定好学，于是又开始让瑶瑶学二胡。瑶瑶学习半年，拉出的声音总不在调上，瑶瑶又放弃了。到现在什么也没有学成，她和孩子的宝贵时间就这样白白地浪费掉了。

二、没有做好准备工作，临时抱佛脚，工作效率低，浪费时间。比如，领导临时安排去做一项工作，这个工作以前没有接触过，要先熟悉情况，肯定要耽误时间。

三、时间被他人浪费掉。小柳刚刚调到一个新部门担任主管，想利用业余时间好好看看专业书，提升一下业务水平，尽快进入角色。可他的社交活动太多，今天与朋友喝酒，明天与同学游玩，没有一天有空闲的时间。小柳是一个随和的人，不会拒绝人家，结果时间都浪费掉了，自己的计划也无法实现。

四、受不良情绪影响，人在生气、愤怒、忧伤、激动等情况下，无法专心做事和学习，等于白白浪费时间。小马是个敏感的姑娘，情绪很容易被周围环境左右。这天，她忙了一上午，把全天业务全部处理完毕，一下子轻松起来，她拿起一本专业书，想利用下午时间静静地看这本书。这时，同事小赵走过来，瞅了她一眼，撇嘴说："小马呀，你今天怎么会穿这样一件颜色的上衣？太土了，还是昨天那件好。"小赵说完这话，没等小马回话就走了，可小马的心却静不下来。她暗自生起气来，自言自语：我这衣服土在哪里？别人都说好看，你怎么说它土？你怀的是什么心？结果，小马整整一下午，虽然书翻了几页，可一个字也没有看进去，时间全被浪费掉了。

■ 计划落实到具体时间上

李静是个漂亮的姑娘，只是最近身体越来越胖，让她很苦恼。星期天，她准备参加一个朋友的婚礼，将家里的衣服全部翻腾出来，可没有一件穿着合身。这让她吓了一跳，这样下去还了得，于是她决心减肥。她找到一家专业机构，咨询让身体瘦下来的方法。专家针对她的情况给出了一个具体治疗方案，包括饮食、运动、生活习惯改变等。专家说，只要按照我们制订的计划去做，不出半年时间就可以达到预期目标。专家特别强调，一定要戒掉嘴闲不住、爱吃零食的不良习惯，否则，一切努力都无济于事。李静觉得这个计划可行，决定试一试。不过，这几天工作有点忙，需要加班，作息不正常，等忙过这几天再说。几天之后，李静开始按专家给出的建议减肥，可刚过半个月，领导让她和几位同事出差。几位同事都是与她年纪相仿的姑娘，大家一起吃饭、一起游玩，晚上还要吃夜宵，玩起来就顾不得那么多了，这样做做停停，总是坚持不下来。一晃半年时间过去了，李静的体重非但没有减下来，反而又增长了五斤。

李静没有将减肥计划落实到具体时间上，忙起来就放弃了，目标等于空设，不但没有减成，反而体重还增加五斤。有了计划之后，要有一个具体可行的时间表，然后一步一步去实施，这样才能完成既定计划。计划越具体越有可操作性，如果没有具体时间安排，任何计划都只是空中楼阁，纸上谈兵。

■ 时间管理方法

时间管理是一项重要技能。时间管理不合理，压力过大，过度劳累，会影响身体健康，同时也会影响学习和工作的效果。

将自己的时间划分为工作学习时间、休息时间、消遣时间、社交时间，掌握各自的比例，进行有效管理。

避免过度焦虑和劳累，留好休息时间和消遣时间，每天都保持良好的精神状态。

以自己树立的目标安排时间。把主要时间和精力放在既定目标上，不在无谓的事情上过多耽搁和纠缠。

凡事先做好计划，按计划行事。没有计划，不是特殊事情不做安排，不打乱正常工作、学习和生活节奏。

将日常任务分为三类，第一类是重要的，第二类是不太重要的，第三类是一点儿也不重要的。以事情的重要程度为标准，将任务分轻重缓急，确定优先顺序。重要的事情先办，不重要的后办，保证正常工作、生活和休息不受影响。

合理搭配体力劳动和脑力劳动。体力劳动累了可以稍微休息一下，休息的时候可以思考一些问题；当用脑累了的时候再进行体力劳动。这样体力和脑力不仅都能得到休息，还节省时间，提高工作和学习效率。

学会拒绝，减少外界干扰。不在无谓社交活动中过多耽误时间，主动屏蔽无关干扰。

安排好业余时间。多做有益于身心健康、促进家庭幸福的事情和活动。尽量少参加不利于身心健康的活动，比如，过分沉溺于玩乐，玩起来不但掌握不好时间，还会影响正常休息，对第二天工作和学习产生不良影响。

充分利用零碎时间。在生活中会产生大量碎片时间，把这些时间充分利用起来，可以办很多事情。比如，在候车、坐车、排队时，可以处理一件事情、打一个电话、背诵一首短诗等。

克服拖延症

我们每个人都可能拖延。拖延有多种原因，有时拖延是在提示人们，自己有些疲倦，需要休息一下，这很正常。我们可以对自己的计划进行必要的调整，以保持良好的精神状态。可是，拖延的时间越来越长，情况越来越严重，会形成一种恶性循环。这是一种毛病，称之为拖延症。

有拖延症的人，轻者会出现自责、内疚、自信心不足和自我评价低下的现象，重者会出现严重焦虑、抑郁等消极情绪，对身心造成严重危害，影响正常的工作和学习，此时应及时进行调节。

■ 查找拖延的内在原因

生活中，有许多事情是逃避不掉的。如果你不主动去做，一旦拖延下去，会给第二天或以后的工作和生活带来负面影响。你需要做的事情越积越多，甚至堆积成山，想做一下子又做不完，会给你带来沉重的压力，让你陷入更深的焦虑不安之中。

搞清楚，你拖来拖去的原因是什么？

你是对想要做的事情不感兴趣、没有动力，所以拖来拖去？

你是对自己缺乏信心，觉得这件事情太难了，没有能力把这件事情做好，如果去做就会失败，所以拖着不做？

你是对让你做这件事情的人有想法？比如，你的同事想让你帮忙办一件事情，你无暇帮忙，又无法回绝，所以拖着不去做？

你是否对自己要求过高，认为要做就一定要做完美，因此觉得目前自己准备不足，迟迟没有行动？

搞清楚拖延的原因，你觉得可以或者应该放弃，就从计划中取消，不要再去想它，让你的头脑轻松起来。如果你觉得必须去做，那就尽早地开始，不要再拖延。

■ 解决拖延的方法

一、制订一个计划，确定你开始做事情的时间和完成的时间，然后按照计划进行。在执行计划的过程中，只专注于你的行动，不要犹豫这件事做得对不对、是否完美。每当你做完一步时，不要停顿下来，要确定下一步的目标，一步一步坚持下去。

二、对自己宽容一些。不要在心理上总觉得这件事情应该做得更好一些，所以迟迟不敢行动。我们可以这样想——这件事情虽然会有些瑕疵，但是还可以慢慢地改进。你这样想之后，就会轻松地把这件事情做完，不会再拖延。

三、列一个清单，将你拖延下来的几件小事一下子处理掉。你会觉得心情立刻轻松起来。

四、当你做完一个久拖不决的事情后给自己一个奖励，让自己放松一下，这会让你觉得这么做很值得。

心灵感悟

佚名："善于利用时间的人，永远找得到充裕的时间"。

章节思考

1. 你是一个生活有条理的人吗？你每天忙乱的原因是什么？

2. 你有拖延症吗？你是怎样分配每天的时间的？是否合理？如果不合理怎样改进？

20
错误的减压习惯和方法

有些减压方法和习惯虽然可以满足人的一时之快，让人感到很舒服，但却会给身体和心理造成极大的伤害，甚至使人陷入万劫不复的深渊。对于这些方法和习惯，我们不能因小失大，必须予以纠正。

盘点错误的减压习惯和方法

面对巨大的工作、学习和生活压力，人们会选择不同排解压力的方式和方法，渐渐地养成一些生活习惯。有些减压的方法和习惯是错误的，会对身体和心理造成极大伤害，因此必须予以纠正。

■ 暴饮暴食

人们习惯用美食来减压。劳累一天，身心疲惫，吃上一顿美餐，不仅可以补充人体所需要的营养，同时还可以愉悦心情，缓解疲劳和压力，可谓是一个不错的选择。可是，任何美味对人都有很强的吸引力和诱惑力，一旦吃起来便很难停下来，如果不能掌握饮食的量，暴饮暴食，就会对身体造成危害。一次吃大量食物会增加胃肠负担，影响胃肠的正常消化和吸收，导致胃肠不适，引起腹泻或便秘，严重时甚至会导致急性胃肠炎和胃部出血。这样的吃法非但起不到减轻压力、放松心情的作用，反而会使人处于一种昏昏欲睡的状态。饱腹后不愿运动，窝在家里看电视、上网看手机，或直接睡觉休息，会使食物得不到很好的消化，继而导致肥胖。

不良的饮食方式也会对身体造成损害。比如，吃得太快，或者边走边吃，食物在口中没有经过充分咀嚼，一餐中喝过多饮料，都是不好的饮食习惯。所以，我们不但要考虑吃什么、吃多少，还要考虑吃的速度。匆匆忙忙，狼吞虎咽，不但达不到给身体补充营养的效果，反而对身体有害。

■ 吸烟

　　柳先生最近总在不停地咳嗽，工作常常被打断。他原本睡眠就不好，刚刚入睡又被咳醒。柳先生去医院看医生，医生给他做了检查，诊断为慢性支气管炎，告诫他：要想治好自己的病，必须先把烟戒掉。柳先生是位作家，他为了在写作时精神更为集中，便一支又一支地吸烟，养成了离不开烟的习惯。他吸烟很勤，原来几天吸一包香烟，现在变成一天要吸一包半香烟。他觉得医生说得有道理，可是让他一下子戒掉香烟却是一件很难的事情。

　　香烟中含有大量的尼古丁，尼古丁是强烈的兴奋剂。许多人喜欢像柳先生那样在思考问题时一支接一支地吸烟，越是紧张、焦虑越想吸烟，以为这样可以使自己平静下来，珠不知这种想法是错误的。研究表明，吸烟者往往比不吸烟者更容易焦虑，而且吸烟者的睡眠质量往往没有不吸烟者好。吸烟会引发大量健康问题。香烟中的一氧化碳会降低血液吸收氧气的能力，让心跳加快，血压升高，增加心脏负担，造成心脏缺氧，继而引发各种心脏疾病。吸烟会损害神经系统，使人记忆力衰退，过早衰老。吸烟会损害呼吸系统，经常吸烟的人常年咳嗽，易患支气管炎、肺气肿、支气管扩张等呼吸道疾病。另外，吸烟者容易患溃疡病，因为烟雾中的烟碱会破坏消化道中的酸碱平衡。

■ 摄入过量咖啡因

　　吕女士和柳先生是夫妻，她反对柳先生吸烟，但自己喜欢喝咖啡，她认为咖啡有利于身体健康，可以使心情愉快。问题是吕女士每天喝的次数太多，总是处于兴奋状态，晚上很难入眠，反倒是越来越焦虑。

咖啡因是一种中枢神经兴奋剂，不只在咖啡中，在茶叶、可乐、巧克力糖中都能见到咖啡因的影子。许多人像吕女士一样，喜欢把喝咖啡当作缓解疲劳的一种方式和习惯。适度喝咖啡有消除疲劳、兴奋神经的作用，但是摄入过多咖啡因会使人处于慢性紧张和唤醒状态，更加容易焦虑，大剂量或长期使用也会对人体造成损害。特别是它也有成瘾性，一旦停用会出现精神萎顿、浑身困乏疲软等各种症状。

■ 上网成瘾

小马的工作很单调、枯燥。他还没有成家，晚上下了班无事可做，就只有上网打游戏。他渐渐上了瘾，玩起来就停不下来。有时通宵达旦，第二天上班无精打采。有一次，小马在工作中打起瞌睡，引发了事故，自己受了伤，险些造成终身残疾。

网瘾是指上网者长时间沉浸在网络中，进行网上游戏、网上购物、网上聊天等，对网络产生强烈依赖，达到痴迷程度。有人像小马一样，觉得每天工作、学习单调枯燥，通过上网可以变换一种生活方式，从而达到缓解压力、放松心情的目的，这是一种错误的选择。长时间上网会影响学习、工作和正常休息，不但不能使人放松，反而会使人更加疲劳。一旦成瘾，危害无尽，尤其对青少年的危害更大。

网络成瘾者长期沉迷于网络，把自己关在屋子里，社交活动减少，不愿与人沟通，性格会越来越孤僻。长此以往会引发失眠、头痛，影响心血管和肺部功能，出现心跳加快、心肌炎等症状。长期上网免疫力会明显下降、内分泌紊乱，甚至引发一些感染性疾病。

■ 酗酒

马先生是某公司工程部副部长，在负责一个项目时学会饮酒。为了谈成这个项目经常参加酒局。意想不到的是，最终合同没有签成，大家把责任归结到他一个人身上，他感觉受到奇耻大辱，又没有办法去争辩，从此变得郁郁寡欢，整夜整夜睡不着觉，没有办法，他开始大量地饮酒。半瓶酒下肚，顿时舒服起来，再也不去想那些乱七八糟的事情。他觉得，只有在醉酒的状态中才能找到欢乐，离开了酒只有苦闷和忧伤。渐渐地，他对酒精形成依赖，由每天晚上喝一次酒，发展到每日三餐离不开酒。有一次喝过酒后，他面色苍白、皮肤湿冷、口唇青紫、呼吸减慢，先是躁动不安而后昏迷，大小便失禁。家人急忙叫救护车把他送到医院，最后被诊断为酒精中毒，如果再迟一会儿就有生命危险。

马先生选择以酗酒的方式来给自己减压是一个错误方法。酗酒者通过大量饮酒，缓解心理压力、消除烦恼，只是一时之快。饮酒过量会出现心率加快、皮肤升温、头晕恶心、神志不清、神经系统指挥失灵等症状，危害全身健康。临床中，因为酗酒而猝死的现象也相当多。有人以为，饮酒可以提神，使注意力集中，实际结果并非如此。酒精摄入过多对记忆力、注意力等都会造成严重伤害，还可能造成口齿不清、视线模糊、失去平衡力等情况。长期大量饮酒，几乎无可避免地会导致肝硬化或急性胰腺炎的发作。

■ 大量吃零食

荣荣是一名记者，常常需要昼夜不停地赶写稿子，工作压力很大。她的减压方法与同事们不同，不是吸烟或酗酒，而是买来一大堆零食，时不时地往口中塞，嘴一旦停下来就难受。她本以为这些小食品不会像吸烟、酗酒那样对身体造成危害，可是让她吃惊的是，仅仅一年多时间，她的体重从100斤增长到140多斤。尽管她意识到这是吃零食造成的，可再想管住嘴却像戒烟戒酒一样难了。

许多调查发现，人在心情沮丧或者精神压力大的时候，会情不自禁地往口中塞零食，特别是巧克力和饼干之类高热量的食物，而且无法控制数量。吃过多的瓜子、水果、巧克力、冰激凌等零食，会导致摄入大量超过身体生长和活动所需的热量，这些热量会转化为脂肪，进而导致肥胖。同时，过多地吃零食会影响正常吃饭，使人体营养失衡，最终造成营养不良。

■ 纵欲

纵欲往往会引发肌肉酸痛，且疼痛的持续时间较长，并可伴有头昏目眩、精神倦怠、胸闷气短等症状。纵欲使女人在生理方面有可能会出现月经不调以及白带增多等症状，甚至有可能引发痛经，最终导致未老先衰。纵欲有可能会导致男人阳痿早泄，出现缺精、少精或精子活力下降等症状，增加不孕不育的风险。

■ 药物依赖

苗艳前一阶段时间总是心慌、焦虑烦躁，晚上睡不着觉，于是，她开始吃安定片，这样会好一些。可是，后来一旦她离开药就更加焦虑不安，无法入睡，不得已只得住进医院治疗。

当一个人焦虑和恐惧严重的时候，医生会给开一些镇定类药物。这类药对于缓解焦虑和恐惧确实很有效，但是服用这类药物一定要遵从医嘱，不可擅自增减或骤停，否则会带来更严重的惊恐和焦虑。经常失眠的人会想到吃安眠药。常吃安眠药也会上瘾，离开了它更加睡不着觉。这类药都是医院严格控制的处方药，服用剂量及服用时间一定要遵医嘱。药物只是治疗的一部分，依赖药物只会带来更严重的不良反应。

心理知识

　　压力是人在面对具有威胁性和挑战性的环境时的反应。应激源即产生压力的情境。人们所遇到的应激源主要类型有自然灾害、个人应激源和日常烦扰。个人应激源包括一些重大消极的生活事件，比如父母或配偶去世、失业等巨大的挫折。日常烦扰即大多数人常常遇到的小麻烦，比如对工作和学习不满、夫妻关系不和睦等。这些小麻烦虽然不大，但是会一点点累积，最终可能导致和重大压力一样的后果。

　　人们面对压力往往会采取多种办法。有些人在面临无法解决的问题时，往往会采取消极的回避策略，比如通过使用药物、酒精和暴饮暴食来逃避现实。这种情况下，回避只是起到延缓压力产生的作用，结果可能会把问题变得更加糟糕。

评估你的应对措施

首先弄清楚生活中有哪些压力在影响你？

作为工程部副部长的马先生，合同没有签成，大家都把责任归结到他一个人身上，他感觉受到奇耻大辱；记者荣荣昼夜不停地赶写稿子，工作压力大，养成了大量吃零食的习惯，嘴一旦停下来就难受。每个人都有每个人的具体情况，面对的压力也不同。只有弄清楚我们身上这些压力来自哪里，也就是说，最近有哪些应激源在影响我们，让我们感到紧张、寝食不安，才能有针对性地减轻和缓解这些压力。

找到我们的应激源，便可以检查反省——我们面对压力是怎样应对的？应对和处理方法是否有效？是不是最佳的选择？

如果我们遭遇了不幸，应该设法让自己尽快从悲痛中摆脱出来；如果我们日常生活烦扰太多，应该设法减少自己关注的对象，从而减轻自己的压力。我们应该针对不同情况，采取不同的方法使自己的身心得到放松。比如，参加体育运动或者自己喜爱的文艺活动。

如果你觉得你面前的压力对你威胁太大，一个人无法应对，千万不要硬撑着，你可以向朋友、家人和社会寻求帮助。如果你认为自己可以控制压力，那就把它当作一种人生的挑战，积极地去应对它，战胜它。

改掉坏习惯

坏习惯是在不知不觉中形成的。开始你觉得这样做很不错，能够缓解你的压力，给你带来快乐，很舒服，便一而再、再而三地做下去，时间久了就养成了习惯。比如，吸烟、过量喝酒、随意吃零食等。当你确定这些不好的习惯已经对你的身体和生活带来不良影响时，就要下决心改掉，不要为自己寻找借口。你可能会说："我知道这样不好。可我这个习惯已经这么长时间了，改不了，就这样吧。"改掉一个由来已久的坏习惯可能会有些难度，但只要你有决心，就一定能够改掉。

一、制定一个目标。不要一下子贪多，也不要操之过急，坏习惯要一个一个地改掉。比如，你有吸烟的坏习惯，如果你觉得一下子戒掉有困难，那就先从量上入手。比如，停一天试试。你觉得这样做也没有那么难，那就停两天、停三天、停一周，最后逐渐把烟戒掉。

二、将你想要戒掉的东西从家里清除掉。想戒烟，家里就不要备烟；想戒酒，家里就不要备酒；你意识到自己有饭后大量吃零食的坏习惯，家里就不要储备过多的零食，眼不见为净。

三、用一种更好的、更健康的方式代替坏习惯。比如，你吃完饭习惯坐在沙发上看电视或者刷手机，这样对你的消化不利，你可以吃完饭之后出去散散步，或者选择其他的方式。当然，你要注意，不要用另一种不好的习惯来替代你的坏习惯。比如，有人觉得喝酒过多对身体不好，就改喝碳酸饮料，殊不知碳酸饮料喝多了也对身体有害。

治疗成瘾行为

靠成瘾来减压是一种错误的行为，是要付出极大的代价的。如果你有成瘾行为，必须采取行动加以治疗。否则，会威胁生命或毁掉你的一生。

英国的梅尔·柯林斯在《高敏感人群生存指南》一书中，介绍了心理学家普罗查斯卡和迪克莱门特的"改变循环"模式。这是一个用于应对成瘾的模型，也可以应用于我们想要在生活中作出的任何改变。

他以酒精成瘾来解释这些阶段。当然，你也可以用任何物质和行为模式的成瘾现象来解释这个循环。这个循环共有七个阶段。

一、沉思前阶段。在这一阶段，你还没有意识到你的饮酒习惯有问题，或者你没有想过自己喝了多少酒，是否已经养成习惯。你一直是跟着自己的感觉在走。

二、沉思阶段。这是你开始思考和意识到你的模式的时候。你可能意识到你已经离不开这个东西了。你可能察觉到饮酒给你带来的诸多问题和其他人对你的评价。也会有些人回到沉思前阶段，对事实加以否认，因为他们还没有准备好面对和改变他们的模式。

三、决策阶段。如果你确实想改变就会进入决策阶段。你可能意识到，喝酒可以暂时给你带来快感，坏处是第二天感觉更糟糕、更加抑郁。

我们必须找到更健康的方式来做到这一点。我们还必须为自己作出决定，是减少伤害还是完全禁止。减少伤害，可能意味着减少你的饮酒量；而当你在健康上出现问题的时候，禁止意味着完全戒掉它。

四、行动阶段。这一条是关于应对策略的。如果你想放松，那么用什么来替代呢？除了喝酒，有什么能让你更快乐呢？你应该去探索并解决它。

五、保持阶段。这是你用更健康、更积极的应对措施，持续地按照改变后的样子生活的阶段。你已经成功地大幅减少饮酒量，或者你决定戒酒，那么很可能你已经改变了你的模式，能够离开原有的循环了。

六、失败阶段。当我们试图改变时，可能会失败。我们可能会经历一些阻碍我们成功的事情。比如糟糕的一天、丧亲之痛、事业和恋情的结束……这些都是影响我们的重要生活事件。但是失败是暂时的，如果你能找出失败的诱因，那么你就可能回到行动阶段，采取一些新的或者更好的应对策略来处理被触发的情绪。

七、复发阶段。如果人们没有意识到失败，那么下一个阶段就可能会复发。成瘾者通常会在这个阶段离开改变的周期，因为他们认为这是一种失败，并回到他们旧有的行为上去。但如果自爱、有同情心，或者还有一些外部支持，他们就不必离开这个循环，他们只需要重新开始进入决策阶段，再次开始循环即可。

调整饮食

人们在焦虑和压力很大的情况下，不会考虑饮食对情绪和身体的影响，往往会随心所欲，想吃什么就吃什么，想怎么吃就怎么吃。错误的饮食结构和不良的饮食习惯不但不能减轻压力和焦虑，反而容易加剧情绪的波动，加重焦虑和压力对身体的影响，而平衡、合理的饮食有助于情绪的稳定和身体健康。也就是说，我们应该把饮食作为缓解压力、减少焦虑的一个重要方面重视起来。

我们不仅要注意每天的营养要充分，同时也应注意碳水化合物、脂肪和蛋白质的比例要合适，注意补充矿物质和维生素，注意主食的粗细搭配，副食的荤素搭配。

多吃天然食品，包括新鲜的蔬菜和水果。加工食品中会添加很多防腐剂和其他食品添加剂，大量食用会危害身体健康。加工程度越低的食品营养成分的流失越少。

食品种类要尽量丰富，保持多样性，保证摄入身体所需要的各种营养。

■ 饮食方面容易忽视的问题

一、早餐不够重视。早晨时间比较紧张，人们往往对早餐重视不够，导致出现对付现象。事实上，早餐非常重要，必须坚持每天吃早餐，还要吃好。如果早餐营养不足，上课和工作时会出现注意力不够集中、记忆力降低、无精打采等情况，对健康极为不利。

二、晚餐吃得过多。晚餐时间比较充裕，往往是一家人聚餐，并且会做许多好吃的菜肴，需要注意的是，晚餐不要摄入过多的脂肪和蛋白质，不要吃得过饱。要控制自己，不随便吃零食。不要养成边看电视边看书、边玩手机边吃零食的习惯。

三、饮酒要控制在一定量之内。不要把饮酒当成缓解压力的一个好办法，这样做会导致饮酒过量的结果。

四、每天摄入的糖分不要过多。过量摄入糖分会造成慢性糖分代谢功能紊乱，导致体内糖分过多。

五、容易焦虑的人一定要控制每天咖啡因的摄入量，不要过大。要注意，不只是咖啡中才含有咖啡因，很多茶饮和巧克力中都有咖啡因，因此每天摄入不能过量。

心灵感悟

奥维德："恶习渐渐形成于不知不觉中"。

章节思考

1. 你有哪些不良的减压习惯和方法？试着纠正它们会对你的身体带来好处。

2. 如果你不能立刻将这些不良的减压习惯和方法改掉，你可以把它们写在本子上，做好规划，一点一点加以纠正。

21
关注你的心理健康

　　每个人都有很强的自我调节能力，一般
的心理问题并不是什么病患，只要认真对待，
方法得当，都可以调整过来。我们应该对自己
有信心，不要出现一点问题就以为是大祸临
头，内心充满恐惧，要相信问题一定能够得到
解决。

评估你的心理健康水平

1989 年，联合国世界卫生组织对健康作出定义："健康不仅是没有疾病，还包括躯体健康、心理健康、社会适应良好和道德健康。"这是一个身心合一的标准。这个标准告诉我们，一个人仅仅躯体健康是不够的，还必须心理健康。许多人只注重自己身体的生理健康，往往忽视心理健康，虽然物质生活优越，却每日生活在烦闷和苦恼之中。我们时常听到这样的消息，我们熟悉的某某人，事业如日中天，成绩光鲜照人，令人仰慕，可心理上出现问题，选择用极端方式结束自己的生命，让人唏嘘不已。一个重要原因是，他们面对来自生活、工作和学习上的压力时，不会调整自己、保护自己，以致心理问题越积累越多，在酿成精神疾患后又没有及时认真地医治，最终导致悲剧发生。

我们应该像检查身体那样，经常检查自己的心理状况，有什么问题及时进行调整，如果自己无法解决，就去寻求医生帮助，不可讳疾忌医。

如何评估一个人心理是否健康呢？我国著名心理学家郭念峰于1986 年在《临床心理学概论》一书中，提出评估心理健康水平的十个标准，简述如下。

一、心理活动强度。不同人对于精神刺激的抵抗力不同。抵抗力低的人往往反应强烈，且容易留下后患；抵抗力强的人，虽有反应，但不强烈，不会致病。

二、心理活动耐受力。耐受力差的人在慢性、长期的精神刺激下，会出现心理异常、个性改变、精神不振等症状，甚至造成严重躯体疾病。不过，也有人虽然被这些不良刺激围绕，日常生活中也会体验到某种程度的痛苦，但最终不会在精神上出现严重问题。有的人甚至把不断克服这种精神苦恼当作强者的象征，作为检验自身生存价值的指标。有的人甚至可以在别人无法忍受的逆境中作出光辉成就。

三、周期节律性。人的心理活动在形式和效率上都有着自己内在的节律性。如果一个人的心理活动的固有节律经常处于紊乱状态，不管是什么原因造成的，我们都可以说他的心理健康水平下降了。

四、意识水平。如果一个人不能专注于某种工作，不能专注于思考问题，思想经常"开小差"，或者因注意力分散而出现工作上的差错，我们就要警惕他的心理健康问题了。

五、暗示性。易受暗示的人，往往容易被周围环境的无关因素引起情绪的波动和思维的动摇，有时表现为意志力薄弱。他们的情绪和思维很容易随环境变化，精神活动具有不太稳定的特点。

六、康复能力。从创伤刺激中恢复到往常水平的能力，被称为心理康复能力。康复水平高的人恢复得较快，而且不留什么严重痕迹。

七、心理自控力。对情绪、思维和行为的自控程度与人的心理健康水平密切相关。当一个人身心十分健康时，他的心理活动会十分自如，情感的表达恰如其分，辞令通畅，仪态大方，不过分拘谨，也不过分随便。

八、自信心。一个人是否有恰到好处的自信，是精神健康的一种标准。如果一个人具有"缺乏自信"的心理倾向，对任何事情都显得畏首畏尾，并且不能在生活实践中不断提高自信心，那么我们可以说，此人心理健康水平是不高的。

九、社会交往。人类的精神活动得以产生和维持，其重要的支柱是充分的社会交往。社会交往的剥夺，必然会导致精神崩溃，出现种种异常心理。因此，一个人能否正常与人交往，也标志着一个人心理健康水平的高低。

十、环境适应能力。当生活环境条件突然变化时，一个人能否很快地采取各种办法去适应并保持心理平衡，往往也标志着一个人心理活动的健康水平。

这十条标准通俗易懂，涵盖比较全面，我们可以用来评估一下自己的心理健康水平是什么样的程度，哪些方面做得很好，应该坚持下去，哪些方面出现了问题，应该加以注意和调整。

心理知识

什么是心理问题？由现实因素激发，持续时间较短，情绪反应能在理智控制下，不严重破坏社会功能，情绪反应尚未泛化的心理不健康状态，称之为一般心理问题；初始情绪反应激烈，持续时间长，内容充分泛化的心理不健康状态，被称为严重心理问题；如果持续发展，时间越来越长，越来越严重，可能演变成神经衰弱或神经症。

现代生活压力很大，许多人会有这样或那样的心理问题。最常见的心理问题有以下几种：

焦虑心理——遇到事情就焦急紧张，惊慌失措，不知如何是好。

强迫心理——总是依赖自己熟悉习惯的东西，不允许有任何改变，害怕新鲜事物和新经验。

抑郁心理——对周围的一切事情都不感兴趣，觉得生活很无聊，没有意思。

恐惧心理——对未知的事情莫名地恐惧。

适应障碍——对生活改变和环境变化表现出情绪失调和明显的不适应。

正视自己的心理问题

　　每个人都有很强的自我调节能力，一般的心理问题并不是什么病患，只要认真对待、方法得当，都可以调整过来。我们应该对自己有信心，不要有点问题就内心充满恐惧，以为是大祸临头，要相信问题一定能够得到解决。如果有什么问题自己解决不了，可以请家人、朋友帮助，还可以去看医生。即便得了精神疾病也不是世界末日，只要听从医生的话，认真治疗，都会有好的效果。

　　每一个人所处的生活环境不同，儿童时期所接受的家庭教育和家庭影响不同，造就不同的性格气质，可能产生不同的心理问题。要解决这些问题，首先应该正视自己问题的存在，不回避、不掩盖，将问题暴露出来，看清楚它的真实面目，这样才助于解决问题。要做到这一点并不容易。许多人往往对自己的心理问题视而不见，采取逃避态度，否认它们的存在，认为自己是健康的、没有问题，即使出现问题也是别人的问题，与自己无关。事实上，往往心理问题越严重的人越容易否定自己。某公司蔡经理，每天都对下属发脾气，指责他们这儿做得不对，那儿做得不够好，本来应该一周完成的任务，只过去三天就迫不及待地询问结果。下属对他说："我们还有时间，来得及。"只这一句话他听得不顺耳，便又开始批评下属："什么叫来得及？难道不应该留下复查时间吗？"搞得下属手足无措，不知如何是好。大家都知道蔡经理焦虑倾向严重，有人好意劝他，遇事不要太着急，可他从来不承认自己有心理问题。后来，他的下属实在无法忍受他这种领导方式，纷纷辞职或想办法调离，他才意识到自己问题的严重性，开始去医院看医生。医生诊断说，他得了重度焦虑症，必须接受系统治疗。

　　当我们发觉自己心理上不对劲的时候，应该冷静地想一想，是哪里出现了问题？这些问题是怎么产生的？是小时候家庭教育在某些方面的缺失，使我们养成了现在这样的习惯，还是受到哪些突发事件的影响使我们无法释怀？自己的问题，别人看不清，只有自己最清楚。当我们正视自己、承认自己存在问题时，问题就已经开始解决了。

营造有利于身心健康的良好环境

良好的夫妻关系对双方身心健康十分重要。夫妻关系不和谐，经常吵架、争斗，互不信任、互相猜疑，经常处于不良情绪之中，会引起双方焦虑、沮丧、消化不良、失眠、血压波动、心悸气短等症状，不仅生活得不愉快，还会引发大量的健康问题。美国一份调查资料显示，中年丧偶或因夫妻不和离婚者，发病比其他人频繁得多，他们的住院时间是同龄患者的 2 倍；死亡率也明显增高，他们患心脏病、肝癌和胃癌的死亡率是其他人的 2 倍，高血压的死亡率是其他人的 3 倍，肝硬化的死亡率是其他人的 7 倍。夫妻双方相互宽容、相互帮助，出现问题协商解决、恩爱和谐、生活美满，应该成为家庭生活追求的目标。

良好的学习、工作和生活环境可以促进人的身心健康。改善人际关系，改善学习和工作环境，与同学和同事和睦相处，相互帮助、相互爱护，让自己在工作、学习时不受不良情绪的影响。家庭居住环境尽量布置得温馨一些，给自己一个舒适的生活空间，使自己在紧张工作学习之余，能够得到充分的放松、享受宁静的生活，有利于身心得到休息，开始新的生活。

别让大人的心理问题影响到孩子

我们在关注自己心理健康的同时，也要关注家里孩子们的心理健康。孩子在成长过程中出现这样和那样的问题，往往与家庭环境、家庭教育有密切关系。家长有心理问题可能会使孩子受到不良影响；不当的家庭教育也会使孩子产生心理问题。比如，父母的焦躁情绪会影响孩子心理发展，使孩子形成急躁的性格，孩子在与同学交往中，稍有不顺便焦躁不安。这样的孩子不懂得谦让、不懂得宽容他人，动不动就发脾气。又比如，父母双方都不善交际，一个封闭的家庭，很难培养出一个性格外向、活泼开朗的孩子。

反观，我们可以从大人身上存在的心理问题追溯到大人在童年时代家庭教育的缺失。有的人畏首畏尾、瞻前顾后、优柔寡断，对什么事情都很难作出决断，是因为在他小时候父母很少给他们锻炼的机会，从而养成依靠他人的习惯。有的人以自我为中心、心胸狭窄，常常为一点小事斤斤计较、大发雷霆，这是他小时候在"以自我为中心"的环境宠出来的。有的人自卑心理强，在困难面前常常显现出畏惧情绪，面对困难和问题缺乏应对能力，往往与父母对孩子要求过于苛刻、给孩子定的目标过高，以及家长将他与别人家的孩子进行不正确比较有关。孩子心理压力过大，因害怕失败而放弃努力，即使能够做到的事情也不敢去做。

在我们身边这样的事例很多：强强欺负与他同岁的妹妹雯雯，因为他妈妈总在他面前表扬雯雯而批评他；毛毛愿意当班干部，喜欢指挥他人，是因家长在家里给毛毛创造这样的条件，让他觉得自己能在班里指挥其他同学是有能力的表现；玲玲只有奖励她才会好好学习，是家长娇惯出来的毛病，一旦奖励不到位，孩子就对学习失去信心；调皮捣蛋的聪聪也是这样，在家一直是关注的中心，可是在学校里大家怎么可能只对某一个孩子过分关注呢？聪聪一旦失去关注，心里便会产生落差，用调皮捣蛋的办法来达到自己的目的。作为家长，要注意家庭因素对孩子心理上的影响，大人觉得无所谓的事情可能会给孩子带来重大伤害。不要被大人性格所局限，用正确的思想及时纠正他们出现的问题，才是问题的解决之道。

家长应该为孩子创造一个和谐、温馨的家庭环境，为他们提供良好的学习环境和锻炼成长的条件。不和谐的家庭氛围，包括夫妻间的不和谐，经常互相打骂、争吵都会给孩子带来心理创伤。

心灵感悟

弗洛伊德："心理健康的人，总是努力地工作及爱人。只要能做到这两件事，其他的事就没有什么困难。"

章节思考

1. 对照评估心理健康水平的十条标准，自查一下你在哪些方面存在问题，怎样改进？

2. 如果你有孩子，请思考一下，你的家庭教育是否有不当之处，如何改进？

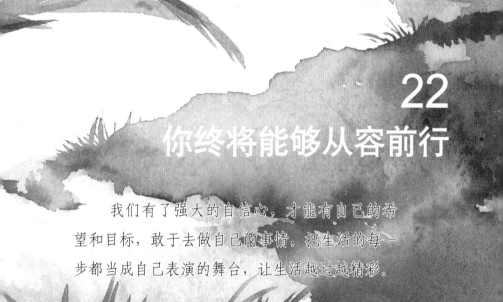

22
你终将能够从容前行

　　我们有了强大的自信心，才能有自己的希望和目标，敢于去做自己的事情，把生活的每一步都当成自己表演的舞台，让生活越过越精彩。

我们需要一颗强大的自信心

我们生活在一个矛盾重重的时代，每天都有意料不到的事情发生，这些事情冲击着我们的大脑，让我们措手不及、惊恐焦虑。我们生活的这个时代，注定不会让我们再去按部就班地过那种平静的日子，每前进一步都会布满危机，时时刻刻都有难题向我们发起一个又一个挑战。

我们担心这个时代变化太快，担心自己跟不上变化的步伐，所以必须起早贪黑，拼命去追赶那些走在前面的人。

我们担心这个飘忽不定的世界，不知未来会变成什么样子，有没有足够的能力养活自己、给家人提供温饱的生活，所以我们拼命挣钱、积攒财富。

我们担心自己做得不够好，没有办法融入社会，不被周围人所接受，所以宁愿放弃自己想要的生活，费尽心机去表现自己。

我们害怕遭遇挫折、遭遇失败，所以日子过得小心翼翼、提心吊胆。

我们害怕痛苦，不敢去面对，所以千方百计地回避……

我们所有的惶恐不安都源于我们的内心不够强大，没有足够的信心去战胜阻挡在我们面前的障碍，只得选择退避三舍，龟缩不前。

如果我们有一颗强大的自信心，足以清除阻挡在我们面前的一切障碍，便可以不再焦虑、恐惧，可以按照自己想要的方式从容地过自己的日子。难道不是吗？就是这样。

我们有一颗强大的自信心，会像一位训练有素、成熟干练的指挥员，即使一下子面临再多的难题也不会被吓倒，知道生活应该怎样布局、抓住什么、舍弃什么；暂时丢掉的东西，将来可以再找回来，不再惊慌失措、顾此失彼。

我们有一颗强大的自信心，不必再火急火燎地去做那些现在还做不好、又一下子做不了的事情。把自己的步伐放缓一些，一切可以从长计议。因为我们坚信，慢慢来可以做得更好。

我们有一颗强大的自信心，不再惧怕失败、惧怕挫折，因为我们坚信，困难和挫折都无所畏惧，我们终将有能力战胜它们。我们知道随遇而安是生存之道，不再与现实对抗，我们有能力在任何艰难困苦的情况下很好地生存下去。

我们有一颗强大的自信心，当我们面对不想做、不愿意做的事情时，可以理直气壮地说"不"，而不必吞吞吐吐、遮遮掩掩、委曲求全。因为我们坚信自己的人生目标一定能实现，我们可以从容不迫地走自己的生活道路。

我们有一颗强大的自信心，不再惧怕痛苦、回避痛苦。痛苦已经在我们的热情拥抱之下与我们和谐相处，成为我们生活的动力。

我们有一颗强大的自信心，不再需要麻痹自己的神经，我们已经学会放松自己，享受人生的快乐。

我们有强大的自信心，才有自己的希望和目标，把生活的每一步都当成自己表演的舞台，让生活越过越精彩。

心理知识

自信心是指相信自己的信心。自信心对于我们非常重要，它给我们力量，使我们睿智，让我们相信自己有力量解决生活中遇到的困难。

自信心不足的人常常会对自己产生怀疑，一旦有事，看到的不是自己的长处和优势，而是自己的短处和劣势，事情还没有做就开始动摇。

"我能行吗？我连……都做不到，这个要比那个还难，我能做得到吗？"

"如果我这样去做，别人会怎么看我？还不得让人笑话死了。"这样想的结果就会丧失信心，放弃行动。

一个人的优势和潜力是成功的基本保证，一定要把它找出来，要相信自己一定有这个能力。如果你连自己都不相信，怎么可能成功呢？

过度地关注别人对你的评价是自信心不足的表现。作为局外人，看问题的出发点和角度不同，对你的评价未必适合你。不应当让别人的说三道四干扰你的决策，影响你的正常生活，自己选择的道路就应坚持走下去。

增强自信心的方法

当我们遇到棘手的问题、自信心不足时，就会本能地想躲开它，绕道而行。可是，生活中许多事情是绕不过去的，你越是害怕困难，困难就越多，越是找上门来，使你的自信心丧失殆尽。与其逃避不如勇敢面对。要坚信，生活中没有过不去的坎儿，办法总会有的，即使遭遇失败也不必垂头丧气、怨天尤人。失败为我们积累宝贵的经验教训，重新再来，一定会做得更好。

在心理上不断给自己积极的暗示：

"不用慌，山重水复疑无路，柳暗花明又一村。"

"我要沉着冷静，办法总会有的。"

"尽管这些困难我以前没有遇到过，但是我有能力解决。"

"这点事情算不了什么，我一定能够想出解决的办法。"

不要消极地给自己泄气：

"唉，我可真倒霉，又遇到这样的事情，这回真要把我压垮了。"

"我是一个能力很差的人，不能跟那些人比，还是算了吧。"

经常鼓励自己，肯定自己的进步和取得的成绩，"嘿，这件事我做得真不错，我真是太棒了。我还可以做得更好。"经常这样给自己鼓劲就有信心继续进行下去。

挑战自我，尝试新领域。缺乏自信心的人往往会故步自封，不敢做新的尝试。比如，有人一生固守一个岗位，一直干到老。他非常不喜欢这个工作，一点兴趣都没有，想换一个工作又没有这个胆量。有这样顾虑的人不如先从小的方面一点一点地锻炼自己，尝试做一些自己并不擅长的事情。通过锻炼你会发现，事情远没有你想象得那么复杂，你完全有能力做更多事情。通过这样的锻炼，你就会慢慢地为自己开辟一个别样的新天地。

提高自己的能力。新事物层出不穷，我们会不断地遇到不懂的问题，因此需要不断地学习新知识，充实自己，以应对新的挑战。求知欲旺盛、善于学习的人，对陌生的新环境、出现的新问题，适应性更强、更有信心，不善于学习的人总会被新问题吓到。

提升复原力

复原力是指个体面对逆境、创伤、悲剧、威胁或其他重大压力的良好适应过程，也就是对困难经历的反弹能力。

心理学研究告诉我们，每个人都拥有复原力，这种能力因人而异，有弱有强。有一个姑娘，因在晚会上的一个节目没有表演好，便服药自杀。一个二十来岁的女孩儿怎会如此脆弱、不堪一击？真是令人震惊。人一生遇到的挫折多如牛毛，哪个不比一个节目没有表演好更严重？韧性强的人即使屡受打击也不会垮掉。他们像黄山上的松树，不管环境和条件多么恶劣，只要有水和裂隙就能生长出来。遇到垂直的裂隙就垂直地顶出来，遇到水平的裂隙就平着伸出来，遇到纵横交错的裂隙即使是绕几个弯也要冒出来，环境愈差，姿态愈美。具有这样品格的人不管遭遇多大的挫折，都会很快恢复正常的生活。

复原力需要自己主动培养，一点点提升。日本战国时代有位著名的豪杰叫山中鹿之助，据说他常向神明祈祷，请求赐给他七难八苦。许多人觉得不可思议，就去请教他。鹿之助回答说："一个人的心志和力量，必须在经历过许多挫折后才会显现出来。所以我希望能借各种困难和险恶来磨炼自己。"

心灵感悟

海伦·凯勒:"信心是生命的主宰。"

海明威:"一个人并不是生来要打败的。你尽可以消灭他,可就是打不败他。"

章节思考

1. 你有哪些信心不足的表现,怎样克服?

2. 你遭遇挫折的恢复能力怎么样?怎样提高自己的复原力?

参 考 书 目

[1] 艾德蒙·伯恩. 焦虑症与恐惧症手册 [M]. 6 版. 邹枝玲, 程黎, 译. 重庆: 重庆大学出版社, 2018.

[2] 弗里兹·李曼. 直面内心的恐惧 [M]. 杨梦如, 译. 太原: 山西人民出版社, 2013.

[3] R.李德·威尔逊. 远离焦虑 [M]. 陈晓莉, 译. 重庆: 重庆大学出版社, 2015.

[4] 约瑟夫·布尔戈. 为什么我们总是在逃避 [M]. 曲贝贝, 译. 北京: 中国友谊出版公司, 2019.

[5] 史帝文·C.海斯. 跳出头脑, 融入生活 [M]. 曾早垒, 译. 重庆: 重庆大学出版社, 2019.

[6] 爱丽丝·博伊斯. 与焦虑和解 [M]. 刘佳沄, 译. 长沙: 湖南文艺出版社, 2020.

[7] 中国就业培训指导中心, 中国心理卫生协会组织. 国家职业资格培训教程: 心理咨询师 (三级) [M]. 北京: 民族出版社, 2005.

[8] 泰勒·本·沙哈尔. 幸福的方法 [M]. 汪冰, 刘骏杰, 译. 北京: 中信出版社, 2013.

[9] 丹尼尔·内特尔. 幸福: 追求比得到更快乐 [M]. 秦尊璐, 译. 北京: 中信出版社, 2020.

[10] 麦格劳·希尔编写组. 心理学入门 [M]. 王芳, 译. 北京: 人民邮电出版社, 2018.

[11] 阿尔伯特·埃利斯. 控制焦虑 [M]. 李卫娟, 译. 北京: 机械工业出版社, 2020.

[12] 杰萨米·希伯德. 我相信我: 不断地进行积极的心理暗示 [M]. 李晓磊, 译. 北京: 中国友谊出版公司, 2021.